MONTÓN

RECUERDOS E IMÁGES DISPERSAS

©Luis Armando Roche Dugand 2017

¿QUÉ ES UN MONTÓN? ¿ALGO GRANDE, o PEQUEÑO?

PRÓLOGO

Montón… de manila, de montonera, de cartón, de gente, de rabipeláos, de prostitutos o (as), ejércitos, aviones, tanques de guerra, pájaros, y muchas cosas más…

Montones

Amontone

Amontonado

Amontono

Amontonar

Del Montón

Etimología: monte + - ón –

Literalmente: "Una montaña grande"

"Te quiero, un montón"

Y ASÍ SIGUE, MONTANDO, MONTAÑAS Y MONTES...

1- LA PARTERA 1era parte

"Había una vez" una casa fabricada de bajareque, en los altos llanos venezolanos, diseñada para resistir agua, sol, vientos y chipos endémicos. En esa casa vivía una partera armada llamada **Carolina**. ¿Por qué armada? Vivía en el páramo alto **(Chachopo)** dónde ladrones y sádicos merodean buscando comida, agua, y a quien robar. Evangelina es fina con la escopeta. Así como trae infantes al mundo puede, con la ayuda de la presión de su dedo sobre el gatillo, o asustar al caco, o volarle el cerebro. En otras palabras, Carolina es templada. Un pájaro del páramo *(tucusito pico de espada del páramo)* vino a avisarle que Virginia estaba sola y rompiendo aguas. requieren asistencia. Llovía a cántaros y Carolina se atavió con su paragua, un perro bravo (que no masca) y que se llama Pablo, un poncho, un suéter, un maletín con medicinas e instrumentos en caso de que haya que practicar un aborto. los relámpagos no asustan. al entrar pablo se sacudió el agua, mojando la entrada de la casa. Carolina le dice a Virginia "¿estás sola? Virginia le contesta, "mi hombre Rodrigo está en caracas trabajando en la tipografía de un periódico... ¡no le dan ni un día para participar en el nacimiento de su hijo!". Lo que da el periódico es mucha leche para contrarrestar lo terrible del plomo de la tipografía.

El rancho está amoblado con lo esencial. Un televisor se destaca - cual insólito "collage" - en medio de la sencillez del resto de la pieza. En una esquina humea un fogón. Está lleno de vasijas de artesanía de barro y velas prendidas. Alguno que otro bombillo – con cables a la vista - cuelgan del techo e ilumina la vivienda. El ambiente único está dividido por una cortina. En la habitación reposa una mujer en dormilona. Virginia tiene, diecisiete años de edad. Trabaja como empleada en un taller de cerámica artesanal a varias leguas del rancho. Carolina entra. Un relámpago ilumina el interior. Carolina se sacude el agua de lluvia. Virginia levanta la cabeza. Pierde agua. Carolina deja de silbar, se levanta y ayuda a Virginia a colocarse en posición de parir. Se pone frente a ella y observa la dilatación de la parturienta. De la cama chorrea el líquido amniótico que se mezcla a las gotas de agua que caen del techo y corren por el piso. El televisor continúa encendido. Virginia suda copiosamente y jadea. Carolina, la partera sentada frente a ella trabaja con las manos entre las piernas de Virginia. Toma la cabeza del niño. Carolina sonríe. La sangre chorrea por el mismo curso que el líquido amniótico. Un relámpago ilumina el interior del rancho. ¿Nació el niño o no?

2 . RECUERDOS DE PENES

"LA GUERRA DE MURPHY"

(sacado del escrito del poeta internacional **Octavio Armand** - "**Cine Qua non**")

"Entresaco dos anécdotas de terceras personas recordadas por la primera. Pareciera que Peter O'Toole debe su nombre propio a su impropio ***"tool"***, como también se le dice al pene en inglés callejero: **"O'Toole"**, el actor principal, era un ser creativo pero difícilmente tratable. Provocador, hizo todo lo posible para que lo botaran del barco. Durante una comida se sacó el sexo y lo colocó sobre el biftec que le habían servido. Naturalmente, el capitán lo botó el próximo día ...".

3. FAFÁ

(Recuerdos de Vermont)

Cruzó mi vida en ese momento mi querida Fafá, una hermosa y bien estructurada mujer parisina, graduada de la Sorbonne con un grado de maestría en arte contemporáneo. Altamente internacional en su manera de observar a los seres humanos, con justo la pizca de "locura" francesa y pies bien colocados en el suelo pudo sacarme de la depresión del divorcio y darme el apoyo que necesitaba, tanto espiritual como físicamente.

La que sería mi compañera hasta el día de hoy, se encontraba en Caracas traída por la Galería de Arte Nacional para dar un curso sobre la influencia del arte francés en el arte venezolano. Fafá y yo nos "empatamos" y nos fuimos a vivir al estado de Vermont en los Estados Unidos de Norteamérica, donde nos "encerramos" en una casa en medio de un bosque, junto a mi hijo Alonso de 10 años. De esa forma estábamos cerca de mis hijos que en esa época estudiaban en los Estados Unidos. Fafá y yo comenzamos a conocernos mejor y noté que su influencia sobre mi y su gentileza hacia mis hijos era algo bienvenido. Pero la vida "aislada" en ese bosque, en el pueblito de Plymouth, Vermont, pequeño burgo de unos 80 habitantes, era demasiado fría, en todo el sentido de la palabra. El ex-presidente de los USA, Calvin Coolidge, había nacido en ese pueblito. *"Silent Cal"* lo llamaban. Cuenta la leyenda que en una cena una señora muy emperifollada que se encontraba sentada a su lado le dijo, *Presidente, acabo de hacer una apuesta a que lograría sacarle más de dos palabras*, a lo que él contestó lacónicamente, **¡*YOU LOSE!*** (¡Usted pierde!).

Alonso, mi último hijo, vivía con nosotros y tuvo la experiencia, a veces dura, de estar registrado en Plymouth, Vermont en una escuelita pública de 20 alumnos, lo que los gringos llaman ***a one room schoolhouse*** porque tiene un solo salón donde se dan todas las clases por un único profesor. [1] Alonso era el primer extranjero que había estudiado en esa escuela. La mayoría de sus compañeros eran hijos de campesinos que trabajaban con sus padres por las tardes y lo veían como a un ser extraño, una especie de extraterrestre. Más tarde, ya Alonso mayor, casado y con hijos, me confesó que la experiencia había sido difícil pero interesante. Así lo creo y, sobre todo, porque aprendió a vivir cerca de su padre y de su madrasta (¡un nombre fatal!) que representa un personaje terrible en todas las historias desde que el mundo aprendió a contar. Alonso aprendió a hacer de todo con sus manos, hasta a cargar la leña para calentarnos. Compartió con un perro negro Labrador llamado Azabache, traído de Inglaterra, vía Venezuela, y Dinah, una gatica recogida en las calles de los Palos Grandes en Caracas, celosa y vainosa como sólo una gata puede ser. Aprendimos a hacer cerveza, maple syrup, etc. etc. Allí comenzó la fascinación de Alonso por la cocina que, años después, desarrollaría siendo profesor de cocina en Bethesda, Maryland y en Madrid. La pasión por Lewis Carroll y el buen vino que consumíamos, nos ayudaron. **"*It must be six o´clock somewhere in the universe*"** *para comenzar a beber vino* - era nuestro lema cotidiano.

Sinembargo nos hacía falta nuestro país y, a mí, el trabajo cinematográfico. Fafá accedió, después de pensarlo -al menos un día- a casarse conmigo. Su "mano" se la pedí en una curva de una autopista en Vermont y supongo que se asustó... Volvimos a Caracas.

Mi hermano Marcel y su esposa, Flor Blanco, nos hicieron una fiesta extraordinaria en su casa y ***"El Secreto"*** y otros tantos otros comenzaron a tomar forma...

4. AIRE LIBRE (UN LARGOMETRAJE)

Aire libre fue una aventura grande. Mi amigo Jacques Espagne y yo a continente. Jacques me enviaba por fax, metros y metros de secuencias. Tantas, que tuve a veces que hacer correr el papel del fax por las escaleras. ¡No alcanzaba el espacio de la sala dónde tenía el aparato! *Aire libre* trata de los grandes expedicionarios, Alexander Von Humboldt, alemán, geólogo y humanista y Aimé Bonpland, francés de La Rochelle, botanista, ambos productos de lo que se llamó *El siglo de las luces*. Ambos eran idealistas y fascinados por lo que *El nuevo mundo* podría significar en materia política y, en particular, como el nuevo ser humano que ellos buscaban podría ser el hombre americano. Para encontrarlo habría que estudiar el medio donde esos seres se formaban. La ecología, palabra aún en desuso, no era otra cosa que el resultado de la interacción entre el mundo inanimado, las plantas y el cosmos y el ser humano. A pesar de que Humboldt pertenecía a la nobleza había ayudado a cargar arena para la fabricación del monumento a la gloria de la federación, *El Arco de la Federación*, símbolo de la revolución francesa. Eran días extraordinarios. Por un lado, la revolución trajo tantas muertes y, por el otro lado, la esperanza de crear un ser nuevo. Los dos expedicionarios eran lo que, se podría llamar, "anti-Colón". No era la búsqueda del dinero, del oro y del poder lo que motivaba a nuestros dos personajes.

Jacques, erudito escritor francés, fue el catalizador del proyecto. Los dos nos entendíamos y nos equilibrábamos. El resultado, como siempre, era ¿cómo carajo íbamos a conseguir el financiamiento? El guión fue seleccionado por el Centro Nacional de la Cinematografía. Aprovecho para mencionar a nuestro amigo, Alfredo, que nos ayudó siempre en este projecto aunque el también tenía la idea de hacer un film sobre el viaje de Humboldt a Venezuela. Alfredo, no olvido tu gentileza y clase, en el mejor sentido de la palabra.

Todo en el guión indicaba la co-producción con Alemania (Humboldt), Francia (Bonpland) y Venezuela, país este último donde se desarrollaba la acción, pero terminamos, debido al casting, representando a Humboldt joven francés, un Humboldt mayor alemán y un Bonpland canadiense.

Aprovechando que nuestra película *"El cine soy yo"* se pasaría en el Museum of Modern Art de la ciudad de Nueva York, y que tanto Fafá como yo estaríamos en esa ciudad, busqué ponerme en contacto el actor y estrella canadiense Roy Dupuis. Lo logré contactar a través de Henrique Vera, un buen y joven amigo, Sabíamos que las co-producciones se montan basadas en el *star system* comercial. Roy, a mi juicio, haría un perfecto Bonpland. Evidentemente a Roy le interesó el proyecto ya que le pidió a su agente que fuera a Nueva York a conocernos y hablar con nosotros. Nuestro contacto con el agente fue excelente. Le gustó lo que vio y se comunicó con el actor. Inmediatamente, y sin dejar perder tiempo, Fafá y yo decidimos viajar a Canadá y conocer a Roy. Nos dio cita en un excelente restaurante de Montreal. El encuentro fue muy positivo. Le encantó el papel de Bonpland y su aceptación nos abrió las puertas a la co-producción.

Pero más tarde Roy se reveló como un hombre conflictivo durante el rodaje. Le faltaba confianza en si mismo, se encontraba en un país nuevo y tenía, en ese momento, problema con drogas. Todo esto contribuyó a aumentar sus problemas. Quería traerse a Venezuela su motocicleta Harley Davidson, a Caracas, o aún peor al Amazonas, lo cual nos pareció una locura. En esos tiempos, aunque menos que ahora, la seguridad en el país era precaria. Roy, paranoico, veía cámaras que lo espiaban en su cuarto y sentía una picazón debido a un polvo que supuestamente colocaban en su cama. Respecto a esto, nos dimos cuenta de que los indios lavaban las sábanas sobre unos peñones enormes que se encuentran a lo largo de la ribera del Orinoco, cerca de Puerto Ayacucho. La arena de las piedras se quedaba pegada a las sabanas y, quien dormía sobre ellas, si tenía imaginación, podía suponer que se debía a un polvo diabólico. La co-producción, en principio, nos abrió las puertas. Mas luego, con la experiencia vivimos, nos dimos cuenta de que quizás era mejor hacer filmes con libertad y sin el peso de otros países, de los inversores extranjeros y de los nuestros.

Teníamos dudas de la capacidad de Roy para hablar francés sin acento canadiense, y le solicitamos que nos diera una prueba de su trabajo. Él nos mandó un DVD de un montaje de la pieza de Rostand, *Cyrano de Bergerac* donde confirmamos sus dotes de hablar francés sin acento de Quebec. También resultó ser un excelente músico y chelista, con tan buen oído que pudo imitar el español que no hablaba.

Una vez que Dupuis dio su aceptación, hubo que conseguir a un productor que le interesara el proyecto. Henrique Vera salió a nuestro auxilio y sugirió el nombre de una productora, Suzanne Girard, productora de *Bleu, Blanc, Rouge*, casa de producción canadiense, que estaba en esos momentos entre proyectos. Suzanne Girard coleccionaba latas de sardinas, llenas naturalmente, para vaciarlas luego con los amigos. Esta nueva manera de coleccionar, al menos para mí, resultó ser bastante común en el mundo. Patrick Meunier, nuestro gran amigo francés, nos explicó que *hay que voltearlas cada dos años y de esa forma mejoran* de sabor. Estamos aún por confirmar la calidad de este procedimiento. Suzanne se enamoró del proyecto y se empató en la aventura. Ahora había que tratar de conseguir una co-producción tripartita y pensamos en Francia que tiene muy buenas relaciones con el Canadá francés. Para esto habría que viajar a Francia para el casting y luchar contra toda la burocracia cinematográfica francesa. Otro paso titánico.

Logramos la participación de una venezolana que habitaba París y que conocíamos desde antes. Morelba Pacheco tenía una pequeña casa de producción *Morelba Productions* y aceptó trabajar con nosotros. Conseguimos a Christian Vadim, hijo de Roger Vadim, el director francés y de la actriz Catherine Deneuve. Vadim, el padre de Christian, era de origen ruso, y Christian me pareció perfecto para el papel de Humboldt joven ya que Humboldt era prusiano y, por lo tanto de la misma raíz étnica de Vadim. Considero que incluso se parecen: "todas proporciones guardadas", como dicen los franceses. Se seguía armando el rompecabezas.

Tuvimos también que firmar un acuerdo de co-producción entre Canadá y Venezuela. El acuerdo con Francia lo habíamos firmado cuando se realizó *"El cine soy yo"*. Sin querer, queriendo, fuimos los pioneros de las co-producciones, tanto con Francia como con Canadá. Margot Benacerraf había producido su hermoso filme *"Araya"* sin que en esa época existieran relaciones cinematográficas oficiales entre Francia y Venezuela. En la época de *"Aire libre"* ya el cine venezolano se estaba desarrollando y parecía que era a través de la co-producción la única manera de conseguir financiamiento. Había necesidad de hacer coproducciones, al menos así lo pensábamos nosotros en ese momento.

Mientras tanto volvimos a Venezuela para hablar con el CNAC. Empieza el casting venezolano y la contratación de los técnicos, la escogencia de la película virgen, etc. Después de hacer pruebas, escogimos la película Eastman Kodak sobre la Fuji. La primera rendía mejores imágenes en el color verde, color de la selva, que iba a tener preponderancia en nuestro filme. Esa decisión la tomamos junto a Vitelbo Vásquez, el director de fotografía, que había trabajado conmigo en *"El Cine Soy Yo"* como foquista.

El casting en Venezuela fue laborioso, porque incluía múltiples personajes: indígenas, actores y extras, todos venezolanos o viviendo aquí. En particular, recuerdo dos casos importantes. El primero fue la escogencia del actor que haría "el malvado de la partida". Yo había montado la obra de teatro *"La controversia de Valladolid"* con Dimas González y el Teatro Itinerante de Venezuela. Dimas me había mostrado sus dotes excepcionales de actuación. El inconveniente que surgió fue que Dimas hablaba con acento venezolano y el personaje del malvado debía tener acento español. Dimas me dijo que iría a los bares de La Candelaria y que en poco tiempo lograría el acento buscado. Cuál no sería mi sorpresa cuando se me presentó, días más tarde, diciéndome que no le era posible copiar el acento español. Los mesoneros del bar (españoles) descubrían, de inmediato, que Dimas no era español. Se me ocurrió pedirle que asistiera conmigo al casting de los posibles actores para el papel. Después de cada presentación me volteaba hacia él y le pedía su opinión sobre el actor que acabábamos de ver. Irremediablemente, ni a

Dimas ni a mí nos gustó ninguno de los que se presentaron de manera que quedé convencido de que Dimas seguía siendo la mejor escogencia. Decidí buscar a alguien, español, que lo doblara. Paco Alfaro, directivo de Rajatabla y excelente actor, aceptó doblarlo y así fue como Dimas se convirtió en uno de los más convincentes, maléfico, clasista e infame español, contralor de fronteras.

La otra persona que recuerdo con mucho cariño cuando se hizo el casting fue una joven hermosísima que yo buscaba para el papel de Orasimi, indígena desnuda que debía simbolizar la pureza y la candidez. Para el papel se me presentó una muchacha de unos 17 años que de inmediato me llamó la atención por su desenvoltura y belleza. La joven se llama Sacha Hidalgo y es hija del respetado compositor, pedagogo y músico venezolano Enrique Hidalgo. Su nombre artístico es Sacha Nairobi y se ha convertido en una de las cantantes de música latina más apreciadas. Sacha me consiguió, muchos años después, a través de Internet, y nos vimos en casa de mi hija Nadine en Miami y, de ahí en adelante, hemos mantenido una excelente relación. Sacha, además de ser una preciosura, tiene gracia, ángel o duende, como diría un andaluz.

Armando Gota, actor y director de teatro en Venezuela, haría el papel de un monje enfermo de malaria que, en medio de uno de sus delirios, haría saber a los otros expedicionarios que existía un río mítico, el Casiquiare, que "bajaba y subía montañas". Gota hizo un papel excepcional.

Ahora que todo parecía tomar un cierto orden, nos apresuramos a filmar. Los actores que harían el papel de indígenas eran, en su mayor parte, actores venezolanos que tenían las características que buscábamos. Era más fácil recrear un *shabono* Yanomami cerca de Caracas que ir a filmar a los lugares donde esa extraordinaria y libre tribu vive, o sea, en los confines amazónicos. Pero, de nuevo, surgió el problema de recrear la realidad, lo más cercano posible etnológicamente a la verdad de esa gente que respeto. Contratamos a etnólogos jóvenes que nos asesoraron con el vestuario, o falta de éste, y con las costumbres. Recreamos los detalles lo mejor que pudimos. Años después, cuando presentamos el filme en la

Societé de Géographie de Paris los espectadores no sabían diferenciar entre lo real y lo recreado. Se mostraron extractos de nuestro filme y luego documentales realizados *in situ* por Jacques Lizot -antropólogo que vivió entre ellos durante muchos años. Algunos espectadores se "perdieron" entre la "realidad" de los documentos de Lizot y nuestra recreación. De nuevo la realidad se mezclaba con la ficción y la frontera entre uno y otro, el cine y la realidad, se hizo más estrecha. Nos sentimos honrados que expertos como los de la **Societé de Geographie** hubiesen considerado que nuestra recreación había sido bien hecha. Yo había ido a visitar a los Yanomami junto con mi hermano Marcel, cuando éste estudiaba el bocio endémico en esa población. De ese viaje quedé impresionado. La experiencia de vivir, aunque sea por cortos días con esos personajes delirantes y libres, que algunos llaman *The Fierce People,* o sea, gente que no se deja domar, fue magnífica. Esa fue la primera vez que conviví con la etnia, pero quedé con ganas de hacer un filme donde ellos quedarán bien parados.

El ambiente en la filmación fue relativamente tenso. Por un lado, Roy y sus fantasmas y por otro, nosotros, que trabajábamos duro y, es verdad... a veces a punto de "entregarnos", al menos yo.... Lo de Roy, más el sol, el calor y la espera, hizo que nuestro actor estrella, Carlos Cruz, se pusiera majadero y me presionara a su vez. Un día, mientras filmábamos en el *shabono*, se me vino literalmente encima, y sólo la reacción de mi amigo el maquinista Funes, quien sacó una cabilla que cargaba, como todo técnico urbano que se respete, evitó lo peor. Carlos no se esperaba, la reacción de Funes y rápidamente se dio cuenta que no se enfrentaba solamente a mí, sino a un grupo de gente que constituía un solo cuerpo. Como digo siempre, el cine no lo hace una persona sino un grupo. No olvidé ese gesto de Funes. En otra época, durante el rodaje de *"El Cine Soy Yo"*, habíamos peleado, para volver a darnos cuenta que ambos teníamos un frente común que es el cine. Ahora mi amigo Funes se ha ido a otros parajes donde, espero, lo respeten y le den trabajo; un cielo o un infierno de cine.

Christian Vadim se portó como el verdadero profesional que es. Se integró al equipo venezolano, se esforzó por hacer su trabajo a tiempo y lo mejor posible, como lo hubiese hecho el Humboldt verdadero.

El actor que representó al Humboldt mayor fue el actor alemán Wolfgang Preiss, fantástico actor de teatro y cine, a quien conocimos en la calle en París y que había trabajado, entre tantos otros trabajos profesionales, con el mítico director alemán Fritz Lang en *"El diabólico Dr. Mabuse"*. Preiss hizo más de 130 películas de largometraje, a menudo de Nazi amenazante, e infinitas obras de teatro, incluyendo obras de *Genet* y *Samuel Beckett*. Me siento muy honrado de haber tenido la suerte de que un actor de su categoría se interesara en nosotros e hiciera *"Aire Libre"*, su última película. Fue un encanto para mi actuar a su lado y hacer de su valet. Preiss falleció el 27 de noviembre de 2002.

Mientras montábamos la secuencia del plano general del delirio del misionero, cayó a mi lado, a un metro cincuenta de distancia, un proyector de cine. Cayó desde el árbol donde se filmaba la secuencia con el cura delirante. No me cayó encima, ni a más nadie, lo que es... ¡El destino!

Jacques había escrito una secuencia absolutamente delirante, donde el personaje de Bonpland se entierra en un hueco para evitar los mosquitos. Naturalmente, los bichos que pululan bajo la tierra lo atacaron creando una escena burlesca.

Otra de mis secuencias favoritas es una escena donde el cura, el padre Zea, personificado por el actor Armando Gota, delira debido a la malaria. Zea está acostado sobre una hamaca entre dos árboles en la alto y observa a sus prójimos que se encuentran más abajo. Los diálogos de Jacques son absolutamente exaltados, como se supone debe de ser el ánimo de una persona que tiene paludismo. A pesar de que la he visto miles de veces, siempre me encanta esa secuencia. El padre en su delirio en una montaña en medio del Orinoco, grita *La ponzoña corre por mis venas como el agua de los ríos y los valles. Pero la arteria gruesa que irriga mi cerebro no puede al mismo tiempo hincharme la pinga que tengo flácida. Me hace falta tener una tripa directa... como la que Dios, en su santa ingeniosidad inventó: un caño como el que existe entre el Río Amazonas y el Río Orinoco... Allí el agua del río le importa un rábano la ley de gravedad: sube y baja montañas... y los indios la llaman Casiquiare.* Estos diálogos fantásticos, escritos por Jacques Espagne, muestran el estilo de cine que a mi me gusta. El padre, delirando aún, bendice en latín a hipotéticos feligreses *Magis mutus quam piscis* (Hacer menos ruido que un pez...), *Al origine* (desde el principio), *Vis inertia* (El poder de la inactividad), *Vita brevis, ars longa* (La vida es corta, el arte perdura...), *Lucus a non lucendo* (Etimología absurda...), *Ad nauseam* (A punto de nausea), *Exeunt* (todos...(los actores) se escapan de las tablas), y *¡Beati Possidentes!* (¡Benditos sean los que poseen!). Las bendiciones son, aparentemente absurdas, pero bien podrían salir de la boca de trastornados anarquistas, lo cual no está muy lejos de la realidad, en mi caso y en el de Jacques Espagne.

Dupuis y Dimas González, ambos vestidos con la ropa de la filmación, el primero en Bonpland y el segundo en maléfico español administrador de fronteras, fueron al aeropuerto en uno de los dos carros de producción para utilizar el único teléfono que había en toda la zona para llamar a *la belle* de Roy. Roy había insultado a Fafá porque no le había suministrado el celular como decía su contrato. Una alcabala de la Guardia Nacional los paró y se formó la sampablera. ¿Quiénes eran estos extranjeros que andaban vestidos de esa forma y que no tenían papeles? Estábamos del lado venezolano del río Orinoco. Del otro lado está Colombia, y las guerrillas. El asunto casi se tornó en un incidente internacional. Lidia Córdoba, nuestra productora asociada, tuvo que usar todo su persuasión y sicología para convencer a los guardias nacionales que no se trataba de una eventual invasión conjunta de Francia (Canadá) y España. La realidad, de nuevo, se mezclaba a la ficción. Los técnicos y actores dejaban sus zapatos, que al final del día estaban totalmente mojados, sobre el techo de sus cuartos. Alguien estaba cachándonos y el último día, antes de que se despertara el equipo, se llevaron como 70 pares de zapatos, los zapatos de todos. Quedamos, literalmente, descalzos.

Todas las mañanas, la gente de producción embadurnaba a todos los técnicos con cremas contra los mosquitos y el sol. Se gastó una fortuna en esos materiales, pero son indispensable en ese ambiente tan duro. Teníamos que adaptarnos al clima. Comenzábamos a filmar alrededor de las 7 de la mañana y suspendíamos como a eso de las 11. Descansábamos hasta las 3 de la tarde cuando retomábamos el trabajo. Este ritmo se debe a la inclemencia del sol que produce sombras nada interesantes para la fotografía.

La escogencia de los maquilladores es de primordial importancia y cuidado. El maquillador es la primera persona que toca al actor en la mañana. La maquilladora principal del filme había sido importada de Canadá. Micky era gentil y trabajadora. Roy la trataba duramente y, cada mañana, Tenana, mi asistente, la producción y yo, teníamos que acercarnos a ella y hacerle un cariñito. Alguien comentó de ¡qué había visto a Roy, no se sabe si de rabia o en su delirio, orinándo frente a la Micky! Pero puede que sea parte de *los potins, commérages o* chismes que se inventan durante las filmaciones para sublimar las tensiones.

Otra de las escenas de mi predilección, por la invención de la puesta en escena, es la de la escena de amor entre Bonpland y la señora Villahermosa. Cuando comienza, como me dijo un amigo, *"la escena parece casi un porno"*, pero mientras va avanzando se crea un *qui pro quo,* donde el espectador no sabe a dónde lo lleva el cine. La escena es entre Dora Mazzone y Roy Dupuis; Dora, sea dicho de paso, es "una actriz *Non Plus Ultra* como la llama el maestro Nicolás Curiel. La escena es equívoca y manipulativa. Al comienzo, el coito entre Bonpland y Ana Villahermosa parece chocante. El humor, poco a poco, transciende. Una escena cósmica que turba al espectador, porque no está claro si debe reír o jadear como los actores. El sonido de las voces que parecen resoplar aumenta la dualidad del posible significado. Bonpland, hombre engreído sexualmente, oye y confunde los gemidos y se pregunta *¿Qué pasa, no será por mi?,* dudando de su virilidad a lo que Ana le hace comprender que las exclamaciones del público se deben a ¡una lluvia de estrellas...! El público se tranquiliza cuando comprende y, por un momento, se deja llevar por la belleza natural de lo que está ocurriendo, pero, de inmediato, Ana vuelve al ataque y le pide a Bonpland que la tome y que acabe dentro de ella como un meteorito... Vuelven al coito extremo. Bonpland termina dentro de ella en el momento que divisa a su amigo Humboldt, que está muy cerca, y que está anotando lo que está sucediendo en el cielo estrellado. Mientras ejacula, Bonpland dice el nombre de su amigo "¡**A..ah..lex..an..dre!** Secuencia difícil de poner en escena. En lo que llaman "escenas de amor", es difícil alejarse de lo más trillado de clichés. Para mí es un ejemplo de lo mejor que he hecho en cine.

La lengua empleada en el filme es también *sui generis*. Los principales, europeos, se hablan francés entre ellos como en la vida real de su época. A los españoles les hablan en español. Los personajes, como el cura Zea, pasa del español de Castilla, al latín, y los indígenas hablan en Yanomami. ¡Una Torre de Babel que nos hizo gastar mucho en los subtítulos para todas las versiones!

Antes de la escena del terremoto aparece una dama de alcurnia cargada por unos peones, como sucedía en la colonia. Amarrado al palanquín, iba un perro. Se desencadena el terremoto, la dama cae al suelo y el perro se escapa. (Homenaje a Luis Buñuel en *Viridiana*).

Los indígenas degüellan al personaje malvado, y el sangrero, que surge, como uno sabe, es de una bombita de mano escondida. La secuencia se parece a lo que sucede durante una pelea entre dos samurai, el elegante (el samurai típico japonés) y el pobre, el samurai cotidiano y pedestre, personificado por el maravilloso actor japonés, Toshiro Mufune en el filme *Sanjuro* de Akira Kurosawa. Mi cultura es, antes que todo, cinematográfica.

Gerald Romer, el director de arte, inventó pegar dos curiaras, una al lado de la otra para llevar, en una la cámara, montada sobre un *travelling* de rieles, mientras que en la otra irían los actores diciendo sus diálogos. En la parte de atrás de una de las curiaras, había un motor fuera de borda que dirigía las curiaras. Una vez que estaba conforme con el sitio donde se debía filmar, hablaba con los actores para mantenerlos en situación o, a veces, más bien callaba y daba la señal al que manejaba la lancha para que apagara el motor. Los actores que hacían de indígenas seguían remando. Así de sencillo, o de difícil, como a usted le parezca.

Desde muchos años atrás, en *"Popsy Pop"*, aprendí con el asistente de dirección de ese filme, "Zató", como eran importantes los planos generales. Los planos sitúan la acción. En el cine venezolano, en términos generales, se hacen pocos planos generales de situación, lo que implica esfuerzos, tiempo y película. En este filme era imprescindible usarlos, y por ello, encargue a mi amigo Andrés Agusti, documentalista de primera y director de fotografía, para que hiciera la fotografía del segundo equipo. Los planos generales son soberbios y esto le da dimensión al filme.

Igualmente, debíamos asegurarnos que no aparecieran matas mango en ninguna de las tomas. En la época de Humboldt todavía no había llegado al país este árbol procedente de la India. Fue una especie de malabarismo. Cuando buscábamos locaciones, a veces se nos escapaba una mata. En Venezuela, en nuestra época, hay más matas de mango que gente. Sin embargo, gozamos escondiendo lo que estaba fuera del encuadre, cosa que nos encantó como nos lo enseño el maestro Jean Mitry del IDHEC.

Los animales eran claves en el filme. La ecología incluye tanto minerales como animales, así como el ser humano. Uno de los animales más aparatoso, fue una caimana blanca del Orinoco que tuvimos que alquilar. Pesaba unos 500 kilos y, a pesar de su estado aparentemente tranquilo y manso, podía, si se le provocaba, destruir lo que se le atravesara. Mantenían a la "caimana" medio dormida con hielo y solo la liberaban cuando se iba a filmar. Los actores no se sentían demasiado confiados con la "caimana", Roy Dupuis, en particular. Una vez cuando la soltaron comenzó a moverse lentamente dirigiéndose al agua donde estábamos filmando. Nadó lentamente hacia nuestros protagonistas, como si fuera un aparato construido en los estudios de Spielberg, con la diferencia que era auténtica.

Mientras filmábamos en el caño, se corrió la voz de que allí había un animalito que se introducía por el pene y se alojaba dentro. El bicho en caso de que se pegara era muy difícil de sacarlo, como se pueden imaginar. En ese momento, también Roy, más que Christian, se mostró aprensivo y no lo juzgo. Yo, como *leader* de ese ejercito cinematográfico, salté dentro del caño, aunque no lo niego, con bastante miedo. No me pasó ni un carajo, ni a ninguno de ellos y se resolvió la secuencia del caño, secuencia sub-acuática pasible e inquietante de homosexualismo latente. En la arena dormían rayas. Si las pisábamos podían inyectarnos su veneno en el pie... Muchos peligros, pero el equipo iba *pá'lante*, como debe ser en el mundo auténtico del cine.

La distribución de *"Aire Libre"* en Venezuela no fue diferente de lo que tradicionalmente sucede a mis películas. Los distribuidores y dueños de salas venezolanos -los mismos de siempre- hicieron lo imposible para que el film desapareciera.

Después de *"Aire Libre"*, la cadena televisiva franco/alemana ARTE vino a vernos a Caracas y nos propuso que escribiéramos un guión documental sobre Humboldt. La estación tenía una noche de programación sobre el sabio. Durante el almuerzo, el comprador nos dijo que estaba interesado en comprar nuestro largometraje, pero pasó el tiempo y me sorprendió que no la comprase. Varias personas consideran que, de los pocos filmes que existen sobre Humboldt y Bonpland, *Aire libre* es una de las películas más auténticas e interesantes. Durante el almuerzo nos acompañó Solveig Hoogenstein, directora venezolana y amiga. De acuerdo con la solicitud del comprador de ARTE me puse a escribir un guión, paralelo a nuestro largometraje, quizás con el mismo personaje de Humboldt, con el mismo actor, Christian Vadim. Humboldt, vestido de época, viajaría a Venezuela y se mezclaría con nuestra realidad del momento. Sería una especie de *pre-Bach en Zaraza*. Escribí la sinopsis del guión con mi buen amigo, el crítico Alberto Valero. Mandamos la sinopsis a Alemania con la esperanza de que ARTE, conocida como una de las mejores cadenas de televisión de calidad del mundo entero y ejercicio extraordinario de integración entre Francia y Alemania, dos países que por muchos años vivieron en constante guerra, pudiese interesarse en nuestro proyecto. Humboldt se encontraría, a través de una suerte de magia cinematográfica, en pleno barrio de Chacaito en Caracas. Subiría a un autobús y viviría como en nuestros tiempos. El guión les gustó pero escogieron un guión de Solveig más tradicional y descriptivo de la palabra y los hechos de Humboldt.

Así es la vida de los proyectos fallidos, como tantos otros.

5. YOTAMA SE VA VOLANDO [2]
...y... ¿volverá algún día?...(Un largometraje)

"Yotama Se Va Volando" se dio a la luz como la mayoría de los proyectos de cine. Ninguno es fácil. A pesar de haber hecho tanto cine y haber realizado proyectos complejos como *"El Cine Soy Yo"* o *"Aire Libre"*, ambas co-producciones entre Fafá y yo, estábamos cansados de ver que las grandes potencias cinematográficas lo que buscan es figurar ellos y ganar haciendo, lo que llaman los **gringos *"creative accounting"*** o sea contabilidad creativa.

De *road movie*, a *filme fleuve* a *inside movie*.

Después de hacer un film al aire libre, grande en concepción y difícil de controlar, decidimos hacer **un *film de cámara*,** como una especie de música de cámara, encerrados y controlando la técnica y el trabajo de los actores y de los técnicos. Queríamos realizar un filme intimista. Me entusiasmaba la idea de ser libre, de controlar la luz, el decorado, el tiempo de filmación, el pequeño presupuesto. Libertad, intimismo, rapidez de filmación, video, pequeño presupuesto, controlado, como sólo en estudio se logra hacer.

Pero primero viene el guión y después el financiamiento. Esta vez, curados de susto, no queríamos el lío de una co-producción. Carlos Brito, guionista y poeta venezolano y yo habíamos escrito una suerte de base para un guión. Se trataba de un personaje ciego que brillaba por las situaciones insólitas en las que se metía.

Tuve la suerte que mientras soñaba con nuestro *"Huis Clos"* realicé la traducción y adaptación de una pieza de teatro francesa *"La Novice et la Vertue"* *("La Novicia y La Virtud")* de Jean-Pierre Bauer, premio de teatro de la *Societé des Auteurs Dramatiques* (SACD) francesa. El autor había ganado un premio, el Baumarchais con él en París y estaba interesado en la posibilidad de montarla en

Venezuela. La *Alliance Française* se horrorizó cuando le mostramos que se trataba de una pieza donde la Virgen sería fecundada por el diablo, cosa que para un alumno de Buñuel como yo, era muy atractiva. A mí me encanta la pieza, tiene elementos fantásticos, surrealistas, irreverentes. La institución de la virgen, sin insultos ni se desmonta y se entiende como está manejada por la publicidad y los medios. No se pudo hacer nada con la obra: el miedo de las embajadas tuvo más fuerza que nosotros.

Con la ayuda de *Fonds Cinéma Sud,* un fondo para el financiamiento de películas del tercer mundo, se nos otorgó el *"Prix l´reécriture"* para mejorar un guión ya escrito y de esa forma invitamos a Jacques Espagne a venir a Caracas a reescribirlo. Como lo he dicho, todo guión vive modificaciones hasta el mismo momento cuando se filma. Eso es lo que lo hace dinámico y orgánico. Los actores, los técnicos, la realidad de la interacción entre los que hacen el filme, permite la espontaneidad y la improvisación que se necesita en el cine. No hay guión *de concreto.* Basta leer las obras de Shakespeare, han sido modificadas y tratadas de diferentes formas. Así fue como, con Jacques y Carlos me puse a ver que podíamos hacer con el proyecto de guión.

El tema original de Carlos y mío, sufrió modificaciones mayores y Carlos, debido a su trabajo en la televisión y la pedagogía, se vio forzado a abandonar el proyecto. Seguimos Jacques y yo. La trama se simplificó, lo insólito y poético tomó un segundo plano a la cotidianidad y a lo social, pero aún barajábamos el título. Jacques y yo somos románticos y creemos, al menos yo, en el "Amor Loco". El tema era para una puesta en escena encerrada, una historia de amor sin clichés y como fábula, ligeramente moralista.

El nombre Yotama surgió de un graffiti que vi en Lomas de Colinas de Bello Monte, una urbanización de Caracas. *"Yotama cambiaste el sentido de mi vida",* decía. ¿Quién sería esa Yotama, y como sería ese sentido?

Nos empatamos con el nombre de la mujer del título y nos dimos cuenta que se podía convertir Yotama, en **Yo-te-amo**. Eso nos convenció de que siguiéramos hacia adelante. A veces es sólo una pequeña idea, una chispa, lo que uno tiene antes de darse cuenta de que carajo va a escribir.

Pensé en Asdrúbal Meléndez, mi actor fetiche de *"El Cine Soy Yo"*. Se creó un personaje que abandonaba a su nieto y que volvería a rescatarlo antes de que el nieto supiera que él estaba a punto de morir. Una trama tradicional pero que tiene elementos que me persiguen desde mis comienzos, el abandono físico y el amor después de la muerte. La primera... versión del nuevo guión se terminó, Jacques se fue para Francia, y Fafá y yo nos dedicamos a preparar el presupuesto para el CNAC. Por suerte, Senel Paz, el escritor cubano, guionista del estupendo filme *"Fresas y Chocolate"* era parte de la comisión de créditos y le gustó nuestra propuesta. Nos otorgaron el crédito y pasamos a la segunda velocidad.

Decidimos utilizar un soporte de video en vez de cine. A mí me parece que en nuestros países, con necesidades apremiantes, se debe invertir en proyectos más sociales que hacer cine grandioso y a veces propagandístico. Pero ojo a las censuras que son siempre negativas para los artistas y para el país.

Vitelbo Vásquez, el director de fotografía de la película y yo viajamos a Nueva York para hacer pruebas de transferencia de video a cine. No estábamos muy seguros de cuál sería el resultado de un largometraje grabado en video y pasado a cine 35mm. En esa época, en Venezuela, sólo se había hecho un largometraje grabado en video para ser exhibido en salas de cine en 35mm. Esa otra película era *"Punto y Raya"* dirigida por Elia Schneider. Todo estaba por descubrir. Yo, al menos, tenía aprehensión de la idea de filmar en video. Había filmado todas mis otras películas en cine. Pero algo me decía que en el video estaba el futuro de nuestro arte. La imagen es más que algo hermosa, es parte de un todo, de una idea auténtica, que nos viene de adentro. No debería ser sólo calidad hollywoodense. Bienvenido el video. Ese formato nos daría libertad.

Vitelbo se reía por el pijama rojo, muy parecido al de San Nicolás, que yo portaba en las noches. Dormíamos en el mismo cuarto. La cerveza que tomábamos era de la buena, alemana u holandesa. Vitelbo aprovechó el tiempo que pasamos juntos para hacerme sugerencias sobre la fotografía que haríamos en el filme. Algunas ideas las aproveché, pero otras, como es normal, eran para su propio filme interior. Eso es algo que sucede mucho cuando se hace cine. Cada uno se hace su propia película interior y, finalmente, surge algo nuevo, algo diferente, producto de la mente y el esfuerzo de muchos.

Yo había preparado muy conscientemente lo que NO debía HACERSE en la filmación en un estudio de cine. Al igual que Néstor Almendros, el gran fotógrafo cubano que conocí en París, me gusta la iluminación realista, o sea la fotografía que, aunque recreada totalmente, parece "surgir" de una luz natural.

Algunas películas del cine venezolano, sobre todo las telenovelas, tienen defectos que yo quería corregir en mis obras cinematográficas. Estudié bien lo que no se debía hacer en la iluminación de estudio y de ese estudio surgieron varias ideas. Me dí cuenta de que el estudio debería desaparecer como tal para dar paso a una imagen naturalista, a pesar de que se trata de que el cine es un arte eminentemente onírico. Incluso la experimentada amiga cineasta, Solveig Hoogestein, me preguntó cuándo vio por primera vez el filme, *¿Y dónde conseguiste ese rancho/apartamento donde filmaste?* Ese fue uno de los más grandes elogios que me hubiesen podido hacer, y como bien lo dijo el maestro Almendros, *la luz debe venir, al igual que en la naturaleza.* Vitelbo colocó, dentro de una caja que fabricamos en los sitios donde estaban las ventanas, unos proyectores, de los que llaman maxi-brutos" de alto rendimiento. La idea de filmar en estudio no era solamente para abaratar costos sino para tener control con los elementos de filmación: luz, sonido y actores. Filmamos la película en 4 semanas.

Para el sonido directo también el control era importante. Mario Nazoa, el sonidista, hizo maravillas cuando le pedía a los actores que susurraran, cosa poco escuchada, en nuestro cine.

A pesar de la preparación extensa que hicimos, no estaba seguro lo que iba a resultar cuando el video fuese transferido a cine. No me atreví a ir mas lejos inventando y haciendo efectos especiales. Yuri Ferrioli, el hijo de mi gran amigo y montador del filme Guiliano Ferrioli, me convenció para que hiciera un efecto que digital que utilizamos en la parte final del filme: las sombras se transformaban en color y lo positivo era negativo. Quedé sumamente contento con el resultado, pero si no hubiese sido por Yuri, no me hubiese atrevido nunca a hacerlo. Ojala hubiese tenido mayor confianza en el resultado y me hubiese atrevido a ir más lejos. ¡Para la próxima película! En un plano secuencia, realizado con Steadicam dentro del apartamento vacío, los colores se invierten y se crea un ambiente visual de irrealidad y de desorientación que funciona muy bien dentro de la dramaturgia del filme.

Igualmente, "Cheli", o sea José Luis San Juan, animador y amigo, creó en mi guión, el *Glook*, personaje insólito, destructor de naturaleza, que Yotama ve en la televisión y que le recuerda a su hija perdida. Un monstruo de fealdad, una máquina destructora que bien podría haber salido del film *Wall-e*. Se me permitió hacerle honores al dibujo animado de Tex Avery de mis tiempos de juventud que tanto me encanta.

Yotama es un filme libre, sin controles económicos forzados sobre nosotros. El CNAC dio un crédito sin mayores condiciones que las de terminar el filme a tiempo y en presupuesto, lo que hicimos.

En particular debo hacer énfasis en la actuación. La idea de que haríamos casi la totalidad del filme en estudio era, antes que todo, dejar libre a los actores.

Beatriz Vásquez fue de las primeras personas contactadas para el papel principal. Beatriz me había llamado la atención por su belleza y carácter. La había visto de lejos en el Ateneo de Caracas mientras nosotros montábamos la obra teatral *La controversia de Valladolid* y, como ocurre a menudo, la primera impresión es la justa. Beatriz fue una gran adquisición para el filme. Es un ser sensible y preciso a la vez, una actriz nata.

Asdrúbal Meléndez había trabajado conmigo desde *El cine soy yo* y somos buenos amigos. Habíamos viajado juntos al Festival de San Sebastían con esa película y habíamos pasado ratos fabulosos dentro del carro, yo escuchando a Asdrúbal el gran actor declamando versos de Shakespeare y de Lorca y algunos sobre el toreo. Asdrúbal parecía ser "un dato fijo", como dicen en juego de caballos del 5 y 6 que el venezolano juega todos los fines de semana. Lo convencí y se empató en esa nueva aventura.

Luego, había que conseguir al galán joven de la partida y me tocó, a través de Carmen La Roche, quien haría el casting para el filme, conocer a Edgar Ramírez. Edgar en el momento de preparación de nuestro filme trabajaba con Roque Valero y, sobre todo, había trabajado con Elia Schneider en el filme *"Punto y Raya*. Edgar asumió el pago del billete de avión que lo traería de Calabozo a Caracas durante el fin de semana libre que tenía libre. En la prueba de Edgar me encontré con un actor serio, atractivo, profundo y profesional. Edgar me cuenta que su padre era militar y el vivió en Austria, cuando estaba joven con una familia de artistas que le enseñaron o, al menos lo iniciaron, en el mundo del arte. Edgar haría el papel de un joven que estudiaba en la Universidad Católica Andrés Bello, como lo había hecho en la realidad. El personaje que Edgar personifica fabrica lámparas... *("¡la luz siempre la luz"!)*. Como siempre, la realidad se mezcla con lo inventado, sin a veces saber cuál es cuál. El cine a través del espejo.

Luego de tener los tres actores principales, me acordé de Martha Tarazona, joven actriz, de belleza intrigante y de experiencia teatral y de cine. "Marthica", como la llamamos los que nos consideramos sus amigos, hizo el papel de una joven "in", actriz de teatro que vive con el personaje de Edgar.

Nos faltaba conseguir una niña para que hiciera el papel de la hija de Yotama. Como es normal en el cine, se presentó una jovencita, junto con su madre de pelo rojo pintado que, seguramente, se proyectaba en ella. Al informarle que habría una escena donde la niñita se bañaría desnuda junto a su abuelo, desapareció espantada. La falsa moral que tenemos en nuestro país y, en muchos otros lados, del desnudo versus la aceptación de la violencia como algo cotidiano, me molesta. Pienso que viene parcialmente de nuestro pasado puritano y frustrado y de la violencia importada del cine norteamericano. Para mí el sexo es hermoso. Evidentemente el desnudo infantil con intenciones de explotación sexual es totalmente condenable, pero ese no era el caso en este filme, donde la escena con el abuelo era, y fue, la mas pura de todo el filme. Como en otras ocasiones, a menos de una semana de comenzar a rodar, no teníamos a la hija de Yotama. Allí como Asdrúbal tuvo una idea genial. El tiene una nieta que reunía todas las cualidades de la actriz que necesitábamos. La niña, Ariana Meléndez, hizo su debut en el cine en esta película. Ariana es una joven linda, pícara y extrovertida y era exactamente lo que necesitábamos para el filme. Resultó ser, a mi juicio, un gran descubrimiento. Teníamos el grupo actoral.

Gerald Romer, mi amigo y cómplice en la vida, creó un decorado móvil que jugaría dentro de la acción de los personajes. Las paredes estaban montadas sobre ruedas y podían ser movidas por los actores, cambiando la disposición del *loft* en el que viven los personajes. Recordé siempre la recomendación de Álvaro, mi hijo, con el vestuario de Marilda Vera en el filme *"El Secreto"*. El insistía en que los elementos como el vestuario y el decorado debían ser elementos activos en la acción del filme.

El final de *"Yotama Se Va Volando"* es un final abierto. El espectador no sabrá si los personajes que quedan en vida, Yotama, su hija y los dos jóvenes, saldrán adelante. Cuando vemos que la niña recoge el revólver dejado atrás por el abuelo, no sabemos si todo va a mejorar. Escribí varios finales antes de quedarme con el definitivo. En uno de ellos, Yotama es atrapada por la policía frente al Parque del Este y neutralizada. La niña se escapa y se va, hacia un futuro indeterminado...

SIN EMBARGO CUANDO FUÍ A FILMAR, ME DI CUENTA QUE ERA MUCHO MÁS INTERESANTE "SUGERIR", LO QUE PASABA, QUE EXPLICARLO O MOSTRARLO.

6. LOS PACHECOS

Este documental de "Los Pacheco" un excepcional grupo de salsa tiene como fin mostrar un grupo familiar que llevan la percusión, el baile y la salsa en sus venas que le inculcaron sus padres: José Pacheco (su padre) y Juana Pacheco (su madre) desde la casa familiar en la Parroquia San José de Cotiza, en Caracas.

"La orquestra Los Pacheco", nace en el año 1973, una vez que los hermanos Pacheco (Héctor, Francisco, Alfredo, Oswaldo y Luis) todos nacidos en la parroquia San José de Cotiza en Caracas, deciden agruparse, luego de haber formado parte de distintas bandas. Inicialmente la orquesta se llamó "Los Pacheco y su candela", luego con el pasar de los años deciden cambiarle el nombre por "Los Pacheco y su San Son", pero el público melómano que siempre los ha seguido y apoyado durante su larga trayectoria musical, los identifica sencillamente como "Los Pacheco"

Actualmente la orquesta se encuentra conformada por: Alfredo Pacheco, Oswaldo Pacheco, Luis Pacheco, Ronald Pacheco, Ernesto pacheco y Héctor Pacheco quien es su director musical. Además de José "Tuqui" Torres, Rodolfo León, Andrés "Tapón", Javier María, José Luis Mata, Leo Pérez, Kefren Jaimes y Mariangely García, siendo estos dos jóvenes músicos de formación clásica, el legado y continuidad de la música de la familia Pacheco.

7. *LA CORBATA (Un cuento)*

Érase una vez, un príncipe que tenía frío al cuello... Llegó un ladrón con dos sancos puestos, para moverse más rápido (decían) o porque planchaba en un circo. Pocos sabían (él bien lo escondía) que lo iban a ejecutar por culparlo de un tedioso crimen que se había perpetrado sobre una bella y joven trapecista. Lo colgarían hasta que "su vida dejara de ser" decía la policía. El ladrón le dijo al noble: "Su Realeza, no es posible que una persona de su alta calaña permita que un vientecito helado del nor/noreste (el que los navegantes llaman "Alicéo") pueda causarle tos, y hasta bronquitis. Permítame colocarle esta bella corbata púrpura alrededor de su degolladero, que lo mantendrá "recalentado hasta que su vida deje de ser"... Mientras tanto, el ladrón le iba ilustrando como se elaboraba el famoso nudo "doble Windsor", el más elegante entre los poderosos de Wall Street. El soberano sacó ocho Luises de oro de su cartera y se los entregó al malhechor que, antes de lo que espabila un cura loco, picó a fondo y desapareció por la cercana esquina en dos zancadas. Su alteza apenas tuvo solo tiempo de ceñir alrededor de su guargüero el nudo doblemente celebérrimo, que la policía lo apresó culpándole del horrendo crimen circense. La corbata púrpura es la señal oficial del que lo portaba era un malhechor criminal. No le tengas miedo a un viento frío...que puede traer consecuencias mayores. Las corbatas nacen de un nudo, a veces para anudar a un animal o a veces para apresar a un novio. El hecho de apresar un cuello, ya de por sí, es algo restrictivo.

LOS DANDIS DEL SIGLO 19, CON SU MANIERISMO, SE INVENTARON VARIOS NUDOS...

8. COMIENZO DE LA NOVELA
"YOYÓ, HIJO DE SAN AGUSTÍN DEL SUR, Y COTIZA"

Yoyó (J.) Crudelet, ("Petróleo Jodedor Crudo", para sus amigos) nació en un cuarto del barrio popular de San Agustín del Sur en la ciudad de Caracas, Venezuela, cuna de Libertadores, sin madre, ni padre. Ambos desaparecieron antes de que Yoyó tuviera edad de verlos, sentirlos o aprovecharlos. Su madre, *"Hermenegilda Rosa"* se fue con un chulo, llamado por sus enemigos, *"Ramón, el cojo, Rivas"* que explota a Hermenegilda como fichera y prostituta para obtener suficiente dinero para mantener su vida en los grandes hoteles dónde, *"el cojo"*, estafa a los turistas, con especialidad a los canadienses borrachos. *"Héctor Ampolló"*, el padre de Yoyó, es chileno nacido en Antofagasta (cómo buen "paquete chileno"). Se escapó en un peñero venezolano que vendía vegetales a la isla de Curaçao, cerca de Venezuela. Resolviéndose, llegó a ser director del *Reformatorio de Niñas (RNMC) de Curaçao* para niñas menores de 17 años. A Héctor no le importa *"nada de nada"*, ni su pasado, ni su presente, ni futuro. A los 15 días de haber nacido Yoyó se lo entregan a *"Petra Nosivel"*, costurera de 78 años llamada, por casi todo el mundo, *"La Abuela, Mamacita"*. Petra, apenas se ocupa de lo mínimo que Yoyó y ella necesitan. Sin embargo *"La Abuela Mamacita"*, es dulce y cariñosa con su *"hijo adoptado"*, ¿Y qué más a hacer? Las abuelas en Venezuela son el centro más importante de la familia. En este caso *"Mamacita"* es una *"abuela negociada"* pero *Petra* lo acaricia y lo soba cariñosamente, y eso le estimula a Yoyó el lado sensible. *Petra*, sin saber, le abre un espacio, una ventana, hacia adelante...

Ambos viven en el barrio de Cotiza, un barrio de Caracas, cerca del Hospital Vargas. Allí se refugian músicos y artistas, en un sitio tildado *"de gente de limitados recursos",* aunque los recursos evolucionan con el tiempo y la memoria, algunos nacen con ellos, y otros los cultivan. En Cotiza, al lado de la casita de *Petra*, vive una familia que se llama Pacheco. Son todos "tumbadores", no que tumban ranchos, sino que le dan o le pegan a la conga. Los abuelos y los padres son rumberos influenciados por la música de Cuba. En esa familia todos son pacíficos y le pegan solamente al tambor.

Yoyó cumple 4 años y conoce en el barrio de Cotiza a una niña llamada *Evangelina*, de 2 años de edad. Ambos, de inmediato se enamoran locamente el uno del otro, como todo primer amor; ciego y total. Juntos caminan por el Zoológico del Parque del Oeste agarraditos de mano y mirando de vez en cuando hacia el cielo dónde los pájaros vuelan, sin hacer ruido, sobre la ciudad de Caracas. Cada año estas aves vienen de otros países fríos en su vuelo de paso hacia otros lares más calientes. Los animales encerrados del zoológico, como los elefantes y los tigres se mantienen quietos y sin hacer ruido mientras les den comida. Mientras se atestan la barriga, también se hinchan y la mente de recuerdos y memorias de su tierra lejana. *Yoyó y Evangelina* se saben los nombres de algunos pájaros como: *"El Turpial", "El Cardenal" (El que llaman pájaro Nacional de Venezuela) y... "El Cristo Fue".* "lo llaman así porque en el canto parece decir el nombre de Cristo en *lengua de pájaro,* le cuenta Yoyó. Se acercan a un guardia del parque y le preguntan sobre un ave que canta solitario sobre un samán, *"¿Cómo se llama ese?"* El guardia les responde: *"Lo descubrió un colombiano de nombre Armando y de apellido Dugand. El nombre científico que le dio es –"dugandis", en latín... y canta fino".* Pero también revoloteaban sobre ellos los eternos zamuros de Caracas, que comen todo animal muerto que encuentran. Son como basureros volantes ayudados por los vientos alisios del este, ascendentes, que los mantienen en el aire sin necesidad de batir las alas.

Los dos enamorados se cuentan secretos. *Evangelina* y *Yoyó* han logrado un hermoso encuentro infantil. El amor infantil e inocente es hermoso y existe... pero la realidad o la sociedad puede traerles sorpresas... Un día, la niña *Evangelina* desaparece misteriosamente, así como llegó.

La afición de "rascabuchar..." comienza cuando Yoyó cumple 5 años. Su fanatismo es mirar por el ojo de la cerradura del baño de las niñas, no como sádico ya que no sabe que existe esa palabra ni la personalidad, sino con la idea de indagar cómo es la conformación de las mujeres en pelotas. No habiendo podido observar desvestida a su madre, *"Hermenegilda Rosa"*, la mente de Yoyó delira. Ese "voyerismo" lo trasporta hacia la masturbación cotidiana dónde la mente y el cuerpo del hombrecito practican sexo para desarrollar su mente, y que "su bichito" aprenda a pararse mientras lo frotan.

A Yoyó le contaron una historia que le encantó. Existió en los años 30 en Caracas el famoso personaje "Petróleo Crudo" (PC) durante la época del presidente Isaías Medina trabajaba de cuidador del Palacio de Miraflores, el Palacio del Gobierno venezolano en Caracas. Ese era uno de sus disfraces/escondites, ya que a nadie se le hubiese ocurrido buscar a un famoso ladrón en las puertas de Miraflores.

Como a Yoyó, a PC le encantaba el teatro y la actuación. PC era popular en su barrio porque robaba a los más ricos y ayudaba a los más pobres. Cuentan que se metía en las casas de los ricos a "quintear" o robar completamente desnudo y con el cuerpo embadurnado de petróleo crudo. Cuando trataban de atraparlo se les escabullaba de la mano. De ahí venía el apodo que "las panas del barrio" le daban a Yoyó por los parecidos entre los dos hombres. PC era un ladrón no violento.

ESTE ES UNO DE LOS DETALLES DE ESTE PERSONAJE, QUE A PESAR DE CIERTA VIOLENCIA AL "ROBAR", NUNCA MATÓ A NADIE. SU VIDA CAMBIÓ UNA VEZ QUE SE CASÓ Y TUVO UNA NIÑA, PERO EL DESTINO INEXORABLE, LO ALCANZÓ, A ÉL Y A SU FAMILIA.

9. FINAL DE "YOYÓ, HIJO DE SAN AGUSTÍN DEL SUR Y COTIZA".

Los veleros que lo pueden llevar a uno dónde haya viento, o sea alrededor del mundo. Yoyó decide que va a fabricar uno de cemento... si, de cemento, porqué le han asegurado que como tiene un espacio hueco dentro, flota... Eso se lo contó un carpintero francés llamado *Jean Ducrus* que vive, actualmente, en el mismo barrio que Yoyó en Caracas. Fabricó su velero de cemento en la ciudad de Burdeos en el sur de Francia, lo metió al agua del río que pasa cerca de su casa y viajó, sin saber navegar, sin haberlo hecho antes, y sin mapas hasta la Isla de Margarita en Venezuela. El viento, claro está, lo llevó adónde el mismo viento quiere ir. Ahí Jean abandonó al cemento que cruzó el Atlántico, y consiguió trabajo como panadero y carpintero.

Había pasado varios días sin que Yoyó encontrara a una nueva geva que le guste tirar. En el parque corren unas que les gusta el ejercicio y que están duritas... Además, hay bancos detrás de los árboles dónde nadie ve lo que uno está haciendo... *sabrosongo*, pues... Tiene que correr con ellas o esperar que se paren a descansar... Pasaron varias, pero corren demasiado rápido... Al rato pasa una gorda que corre despacio, y tiene carne "pá vendé" ... ¡qué hambre! Se parece un poco a Golda Mayer la que es Ministra en Israel y que sale en los periódicos y que es judía. *"¡Epa Golda, espérame!"* y *"Zas, ¡me la cogí!"*. Se me ocurrió componer un Hip-Hop: *"Golda bella, Golda que vale, Dámelo tierno, Dámelo barato, Y sabrosongo"*.

No sé por qué, pero me recuerdo de un cuento que me enseñó Evangelina...

"Había una pulga que tenía otra pulga metida en el pelo y que tocaba en un grupo de salsa. El ruido era escandaloso, los que están cerca se ponen a precisar de donde sale la música de salsa, aunque los pulgones son pequeñitos... se escuchaba a los tumbadores que repicaban y cantaban junto a perros. y los otros animales. Faltan los vecinos que no sabían de dónde venía el ruido, pero no podían sino ponerse a bailar".

Me recordé que existía en Caracas una casa de fiestas que se alquilaba y sería fácil de asaltar. ¡*"La Casa Azul"*, está en una calle cerca de la autopista. Por ahí es sencillo huir antes que la policía llegue. Lo que se me ocurrió es vestirme de azul marino para parecer un *"recoge carros"* o un *"valet"* como los llama la *"gente de arriba"*. Esperé el mejor carro y me lo llevé, no pa´l *"parking"* sino *"pol la autopista mano"*. Llegó una señora de copete de peluquería, y me dije, *"Este es la mía"*. Era un cupé Cadilongo del año 1957 con cola de pato. Mientras lo llevaba a estacionarlo me di cuenta de que era un carro potente y grande... ¿Dónde lo escondo? Se me ocurrió que lo mejor era en el taller de Geraldo que yo conocía. Tiene una empresa de arreglos de motos en La Guaira, cerca del aeropuerto. Allí puedo esconderlo, cambiarle el color, desarmarlo y vender las piezas. Después podemos pasarnos por Guardias Nacionales disfrazándonos de Milicias Chavistas, y como en el teatro, el vestuario convence al enemigo. ¡Qué buena idea! No solo robar uniformes de la GN sino también armas de fuego, fusiles, y bombas lacrimógenas. Nos metemos en una de esas manifestaciones que hay en estos momentos en Venezuela, saqueamos supermercados, destrozamos lo que conseguimos. Con la cachucha y el casco establecemos el Miedo y el Orden. El ejército es diferente porque son jóvenes de carrera. ¡Cómo me gustaría aprender a volar un helicóptero y un jet de combate! Eso lo vamos preparando mientras actuamos de GN.

Maracay, la ciudad en el Estado de Carabobo, dónde Yoyó robó un casino, tiene un aeropuerto militar dónde jóvenes aprenden a volar. Helicópteros es lo primero que Yoyó decidió pilotear. Los militares que escogen a los muchachos no se fijaron en el expediente que la policía creó en el momento que Yoyó tuvo el accidente con el carro. La fuerza aérea venezolana busca adolescentes interesados en ser pilotos. Yoyó aprendió a pilotear helicópteros, ese aparato que puede permanecer volando sin moverse en un solo sitio, y aterrizar en casi cualquier parte dónde cabe su hélice. Los helicópteros no tienen alas y se sustentan con el uso de la potencia del motor. Si este llega a apagarse, el helicóptero se va a tierra, dice Yoyó, *"como una máquina de escribir."*

El primer trabajo como capitán que le asignaron fue en la selva venezolana en la frontera con Brasil. Yoyó obsesionado buscó la añorada *"orquídea negra del Orinoco"*. Su encuentro con ella fue, como a menudo sucede, fue sencillo, convencional y casi mágico. En el pueblo de Ciudad Bolívar mientras él camina sobre el malecón a la orilla del rio Orinoco, un vendedor ambulante le ofrece orquídeas que ha conseguido en la selva. Yoyó le cambió la preciosa orquídea por unas botellas de Coca Cola que le dieron en Maracay para la misión. Lo que es valioso para uno es común para otros.

A la vuelta a la Base Aérea de Maracay, Yoyó introdujo una petición para aprender a volar aviones de caza. Lo que le entusiasma de los jets es la extraordinaria velocidad que desarrollan y que exige al piloto tomar decisiones en milisegundos. Volar al revés, atravesar nubes, disparar cohetes, la adrenalina. En seis meses Yoyó llegó a convertirse en piloto capitán de aviones de caza. Durante su estadía en la Aviación se gestionó un golpe de estado en Venezuela, y un grupo de pilotos allegado a Yoyó lo convenció de participar en un ataque sobre Miraflores. El despegue fue pautado para las 8:00 AM del día siguiente. Ya a las 7:30 AM Yoyó estaba preparado dentro del avión y listo para despegar. La Guardia Militar llegó, lo sacó violentamente del avión y lo puso preso. El único que cumplió cabalmente con el plan fue Yoyó. Los demás se echaron para atrás sin avisarle. Le sirvió la experiencia de malandro y se escapó del camión que lo llevaba hacia la prisión. De esta forma se acabó la experiencia aérea de Yoyó.

Considerando de que lo buscaba la policía en Venezuela decidió ofrecerse como tripulante en un carguero que navega hacia Nueva York. Recuerda con placer la canción que cantaban Los Cañoneros en los estadios de béisbol de Caracas. Merengue caraqueño de La Pastora... Da ganas de mover el esqueleto. Me pongo a cantar con un cuatro prestáo en el metro a ver si recojo algunas pullas... ¡y arranco!

"Me fui para Nueva York
En busca de unos centavos
Y he regresado a Caracas
Como fuete de arriar pavos
El norte es una quimera
¡Que atrocidad!
Y dicen que allá se vive
Como un Pachá
* repetición refrán
No me agradas con el oro
Tu ley seca la rechazo
No me agrada y la deploro
A Nueva York yo más no voy
Allá no hay "Berro"
no hay vino y no hay amor
Todo el que va a Nueva York
Se vuelve tan embustero
Que si allá lavaba platos
Dice aquí que era platero
El norte es una quimera
¡Que atrocidad!
Y dicen que allá se vive
Como un Pachá
* repetición refrán

Todo el que va a Nueva York

Se vuelve tan embustero

Que si allá cargaba cajas

Dice aquí que era cajero

El norte es una quimera

¡Que atrocidad!

Y dicen que allá se vive

Como un Pachá

* repetición refrán

Yo no vuelvo a Nueva York

Lo juro por San Andrés

No me gusta hablar inglés

Ni montar en ascensor

El norte es una quimera

¡Que atrocidad!

Y dicen que allá se vive

Como un Pachá"

Verga, los edificios, *"ino jose...!"* gente que corre sin saber para dónde van. Motos, carros, bicicletas que andan en sentido contrario, y si uno no se aparta, se lo llevan a uno pal´carajo... Siempre, cuando conversamos con los amigos del barrio en Caracas me decían,

"En los Estados Unidos, si te portas bien, y no te metes en líos, pasas desapercibido porque allá no hay cédulas de identidad sino inseguridad social"

Aunque últimamente están apretando más a los extranjeros. Los políticos como que son iguales en todas partes ¡lo que quieren es poder y más poder! y ese país si es enorme...

Tengo que cogerme a una jovencita antes de seguir adelante para probarme si tengo todavía el "tumbáo" (¿). Esta noche voy al *"Roseland"*, un sitio de baile y de música latina. Allí tocaron los grandes músicos latinos como Tito Puente, Chic Corea, y otros. Yo toco tumbadora y bailo. A le mejor me dan un empleo, en cualquier cosa.

Yoyó llega a *"Roseland"* y mira a un boletín donde dice,

Solicitamos artistas latinos que puedan tocar en la orquesta del Roseland.

Yoyó se acerca a la puerta de los artistas y le habla en español al encargado. "Busco trabajo y toco tumbadora bongó y timbales"

El encargado lo hace pasar y entrar en el sitio dónde está ensayando la orquesta. El director le dice, "Dale un poco a ver que tienes". Yoyó agarra las congas y las empieza a afinar. La orquesta sigue ensayando. Una vez afinados, Yoyó se integra al son que la orquesta que está tocando.

Yoyó consigue trabajo con la orquesta. El jefe se da cuenta que Yoyó no tiene papeles para trabajar en los Estados Unidos y le informa que le va a pagar "por debajo de la mesa... pero menos que lo que dice el sindicato de músicos. Yoyó acepta.

DE AHÍ EN ADELANTE EL DESTINO LO TOMA DE LA MANO...

10. PRÓLOGO DE ARMANDUCHA

Esta novela podría ser un tratado de ornitología, pero ahí es dónde está la discrepancia y la Las tres pájaras son desiguales de toda (o) s los animales de la naturaleza. Se apodan ellas mismas *"L NARANJACONGAS"*. ¿No si vendrá el nombre del dicho criollo venezolano de "la media naranja" (la esposa o el esposo), o de la ópera del compositor ruso Sergei Prokoviev, "¿El Amor de Las 3 Naran, o de la novela francesa "¿Las Tres Aviarias Mosqueteras" de Alexandre Dumas o Tresmas, o de las congas cubanas?

"Armanducha", que fue el alias que le di a la "Herpsilochmus dugandi" *(de la familia de los Thamnophilidae)* en la novela, nació en la región amazónica noreste de América del Sur, y más particularmente en Santa Marta, Colombia.

"Armanducha" tiene inteligencia avanzada, sabe cantar, comunicarse con los suyos, bailar, y sabe como relacionarse con los seres humanos. Sus dos "comadres pájaras" son : "Gloria" una búa *(Familia Strigidae del orden de los estroformes o aves rapaces)*, con cara de pocos amigos que parece pensar todo el tiempo, y la otra, una enorme garzona soldada (Jabiru Mycteria) llamada "Visctoria", es una pajarraca fuerte capaz

otra, una enorme garzóna soldada *(Jabiru Mycteria)* llamada "Victoria", que es una pajarraca fuerte con un aletazo.

Lean con atención que frente a vuestros luceros van a suceder tramas maravillosas raras y sorprendentes.

10. "ARMANDUCHA Y LAS 3 NARANJACONGAS"

Las tres comadres pájaras, **"LAS 3 NARANJACONGAS"**, se conocieron en una reunión de pájaros debajo de un árbol de mango de la india, en la Provincia de Santa Marta en Colombia.

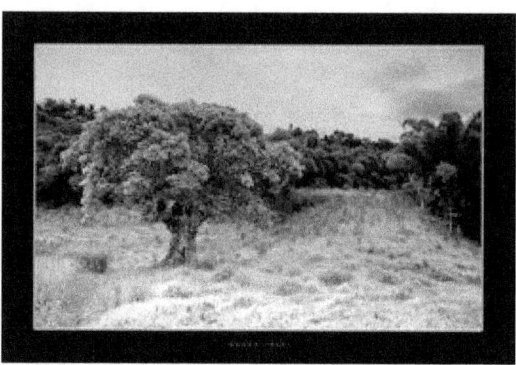

De inmediato se dieron cuenta que las tres tenían capacidades únicas y que podían unirse y dirigirse hacia fronteras excepcionales.

Los pájaros, como los humanos, tienen gobierno. Lo llaman, en cualquier lengua, **"AVES SAGACES"**. Esta disciplina funciona por "intuición inteligente", no "votación libre y abierta". Se toman las decisiones a "chillido peláo", dependiendo de la trascendencia del caso para el mundo aviar.

Las **"AVES SAGACES"** tienen espías en todas partes del mundo. La mayoría son aves, pero también utilizan robots manejados a distancia.

"**LAS 3 NARANJACONGAS**" son considerada el filo de avanzada del grupo mayor de "**LAS AVES SAGACES**". En este caso son encargadas de ratificar lo que los espías, de ellas y de otros países les adelantan. La noción que más preocupa al círculo aviar es el calentamiento global.

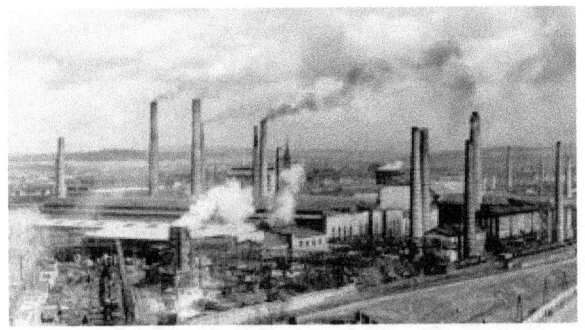

Calentamiento global

"**LAS 3 NARANJAGONGAS**" han sido encargadas de trabajar juntas para investigar la realidad del hecho, y hacer lo necesario para tornar positivo lo que pueda negativo en el calentamiento global.

El plan que **Armanducha** ha inventado, es inspirarse en la imagen de un grupo de cantantes internacionales de rock que existieron, en los años 60, y que se apodaron "**THE BYRDS**". Ellas verificaron con cuidado de que todas los temas, imágenes, ropa, bailes y canciones, se encuentran en el dominio público. Al pasar

50 años, y que nadie haya renovado los derechos, automáticamente pasa a ser parte del dominio público.

Como estamos en los años 2017, poca gente recuerda ese grupo pop. El nuevo conjunto creado por **"LAS 3 NARANJACONGAS"**, los llamaron **"BIRDING",** y son compuestos por 3 robotas disfrazadas de humanas. Todo esto basado en las antiguas imágenes fotográficas y filmadas de **"THE BYRDS"**.

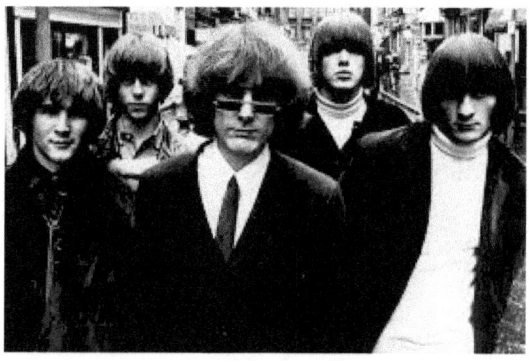

Armanducha tiene contacto, a través de internet, con un agente musical en Los Ángeles, California llamado **André Reyna,** que por dinero está dispuesto para hacer cualquier cosa. André trabaja para **Capitol Records** y tiene la capacidad y el conocimiento para crear un grupo nuevo y conseguirle "bookings", como dicen los norteamericanos. **Armanducha** le envió una prueba del trabajo musical del nuevo grupo. A Reyna le gustó lo que escuchó, y la negociación cerró.

Basándose en fotos de la época del grupo **"THE BYRDS"**, **"LAS 3 NARANJACONGAS"** lograron crear una animación en 3D que se programa a distancia. Utilizaron las canciones compuestas por **"THE BYRDS"**, ya en el dominio público. Las tres comadres modificaron el tono de voz y el ritmo de la obra original, reconvirtiéndola en una obra nueva y única. Le incorporaron una sección rítmica basada en el sonido que hacen las ruedas de los tranvías de San Francisco - colocada al revés. Todo esto le da un sentido novedoso y auténtico a **"BIRDING"**, y crearon una nueva realidad.

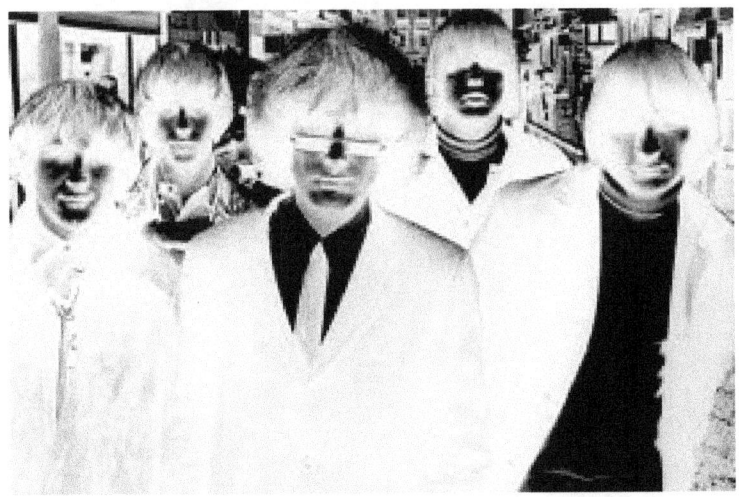

"Los nuevos BIRDING"

El trabajo de fabricación de los robots, la electrónica, el vestuario y peinado, se llevan a cabo en un hangar, No. 1, de la sierra húmeda colombiana de Santa Marta. Allí trabajan multitud de pájaros de la región bajo la estricta supervisión de **"LAS 3 NARANJACONGAS"**. Una vez logrado los robots, pasan a otro hangar, No. 2, al lado del primero, para hacer las pruebas. Los robots cantan y bailan manejados por un **"Pato Real"** *(Cairina Moschata),* especialista en trabajar con robots.

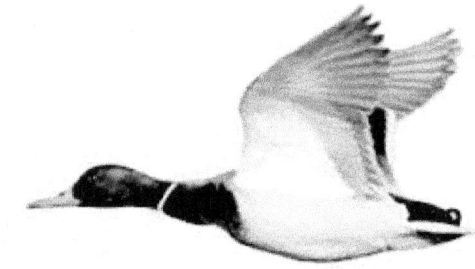

DE ALLÍ EN ADELANTE PASAN DIRECTAMENTE A SU PRIMERA SESIÓN PROFESIONAL EN UN CLUB NOCTURNO.

La primera presentación del grupo **"BIRDINGS"** es en la ciudad de Washington, D.C. cerca del pueblo de Langley, Virginia dónde está la sede del entrenamiento de la CIA. Es un sitio lleno de espías de todas las partes del mundo.

Gente de D.C., y de otros sitios, compraron las entradas para la primera presentación. En cada mesa **"LAS 3 NARANJACONGAS"** colocaron micrófonos conectados a un centro de grabación manejado por el pájaro jefe técnico, un **Paují Culo Blanco** *(Crx Elector)* llamado **"Ramoncete"**.

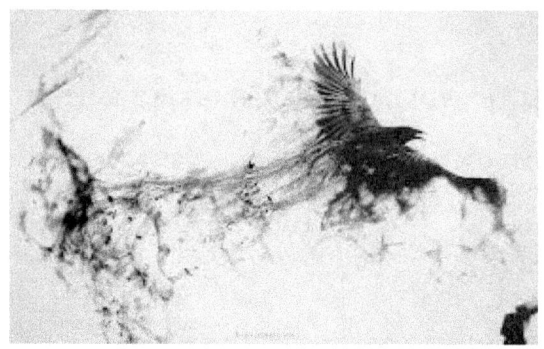

<u>Ramoncete</u>

Luego las **"LAS 3 NARANJACONGAS"** se reúnen con su grupo de analistas que comprenden los siguientes pájaros: **Garza Cebra** *(Zebrilus Unduratus)*, **Corocoro Colorado** *(Eudocimus Ruber)*, **Tarotaro** *(Cercibis Oxycerca)*, **Rey Zamuro** *(Sarcoramphus Papa)*, **Gavilán Colorado** *(Busarellus Nigrocolis)*, **Alcaravancito** *(Cayanus Hoploxypterus)*, **Gavilán Bebehumo** *(Buteo Platypterus)*, **Polla Enana** *(Parzana Flaminventer)*, **Playera Solitaria** *(Tringa Solitaria)*, **Guanaguare** *(Leucophaeres Atricilla)*, **Garrapatero** *(Puffinus Lherminieri)*, **Lechuza Ojicorta** *(Asio Flammeus)*, **Aguaitacamino** *(Nyctibius Bracteatus)* y **Limpiacasa** *(Phaethonis Augusti)*, 12 de los pájaros más avanzados en analizar ideas y conversaciones de espías.

Del grupo sacó la conclusión que el mundo está preocupado por el calentamiento global. Los norteamericanos tienen sus pros y sus contras pues los manufactureros en su país tienen mucho poder. Lo mismo sucede en Alemania, Francia, Japón, Rusia, China. El problema mayor es el "consumismo". Para tratar de neutralizar esto, **"LAS 3 NARANJACONGAS"** tendrán que integrarse a la junta directiva uno de los más grandes fabricantes de automóviles del mundo: General Motors.

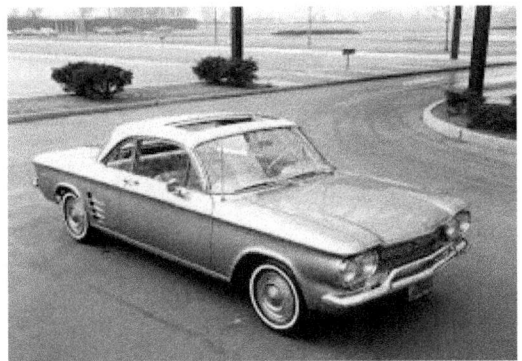

Chevrolet Corvair

El Corvair es uno de los autos más criticados. El primer carro norteamericano con motor trasero. El mayor crítico de este auto fue Ralph Nader en su libro *"Unsafe At Any Speed"*. Nader tiene metido en su conciencia un pájaro de los más arrechos, un tucusito (**Tucusito Garganta Roja** - *Chaetocercus jourdanii*) que monitorea lo que Nader piensa. Estos pajaritos parecen dóciles y tranquilos, pero si los atacas, recibirás de vuelta una embestida salvaje. Por eso Nader parece un hombre tranquilo pero el resultado es un Tucusito Garganta Roja, que "no masca" pero sí chupa.

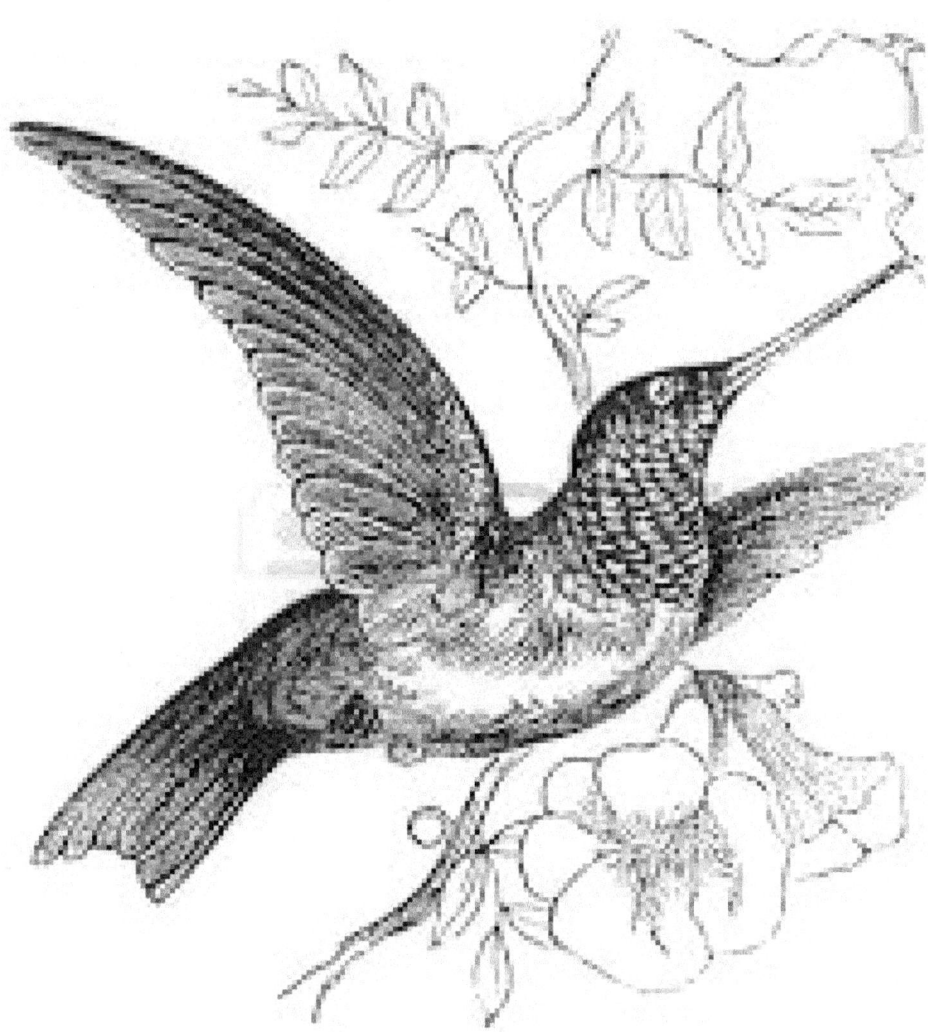

"**LAS 3 NARANJACONGAS**" pasan a ser parte de la Junta Directiva de General Motor. Han logrado entrar dentro del cerebro de cada uno de la Junta, y pueden sugerirles ideas internamente. Lo primero que hace la Junta intervenida por las aves, es decidir que van priorizar la fabricación de carros eléctricos y solares en vez de que los que son propulsados por gasolina o gasoil. El jefe estadístico de la Junta es "manejado" por un pájaro **Limpiacasa** *(Phaethonis Augusti)*. La nueva utilización de un gigante como General Motors, es una parte vital para modificar uno de los elementos más contaminantes y propensos al calentamiento global.

Todo esto ha sido realizado, sin General Motors se haya dado cuenta, que sus cerebros están manejados por pájaros.

Luego, el grupo de **"LAS 3 NARANJACONGAS"** viajan a Toulouse, Francia dónde se construye el avión **Airbus**. Para cruzar el Atlántico se introducen 20 pájaros dentro del departamento de carga, propiamente, de un Airbus. Menos mal que los pájaros no necesitan presurización, ya que la sección de carga en los Airbus, no está presurizado.

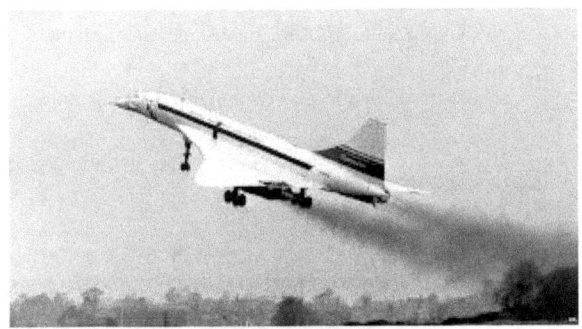

CONCORDE avión supersónico

Llegan a Toulouse, con hambre y sed. En Francia se come bien y mucho. También se **bebe "sabrosongo"**, vino y otros **"breuvages"**. Pero no hablemos más de comida y vayamos directamente a la fábrica Airbus. Los pajarracos "volaron" dentro de los establecimientos, miraron y tomaron fotos de todas las instalaciones.

"**LAS 3 NARANJACONGAS**" proponen un planeador con motor solar. Pese a que muchos planeadores no tienen motor, algunos los emplean ocasionalmente. Los fabricantes de planeadores de alto rendimiento ofrecen un motor, con una hélice retraíble que puede ser utilizada para proveer sustentación y movimiento en vuelo. "**LAS 3 NARANJACONGAS**" proponen diseñar un avión/planeador/globo aerostático basado en el vuelo, de... un tucusito... que se sustente en el aire y logre moverse hacia delante, de lado o hacia atrás, sin ruido y contaminación.

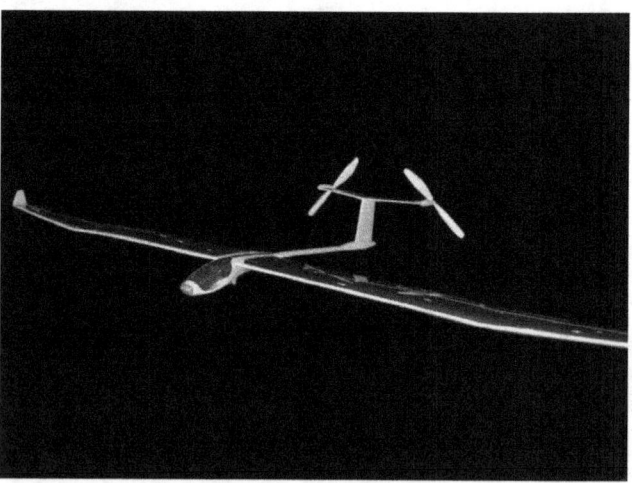

Avión solar

Leonardo da Vinci realizó los primeros estudios del vuelo en 1486. Contaba con 150 dibujos que ilustraban sus teorías acerca del vuelo. Sin embargo, sus cuadernos permanecieron perdidos hasta 1797.

Otros que trabajaron en la construcción de planeadores fueron, entre otros: **Otto Lilienthal**, en 1918, **Octave Chanute, Les Avions Voisin, George Cayley, barón inglés,** y **los hermanos Wright**. De esos estudios surgieron varias proposiciones de vuelo: mono aviones, aviones que movían las alas como los pájaros, y biplanos. Todo esto basado sobre el vuelo de los pájaros.

La primera idea que se les ocurrió a **"LAS 3 NARANJACONGAS"** fue cambiar los motores. Las turbinas Rolls Royce que utiliza Airbus actualmente son tradicionales, y contaminantes. Las alternativas propuestas por **"LAS 3 NARANJACONGAS"** serían motores solares. Inclusive siendo más extremos se le ocurrió al **Limpiacasa** *(Phaethonis Augusti),* que los pasajeros podían pedalear y así ayudar para mover las alas del avión.

Airbus construye aviones comerciales de transporte. De nuevo, había que introducirse en la mente de los diseñadores y jefes comerciales. Armanducha escogió su equipo: el primero fue el (**Tucusito Garganta Roja** - *Chaetocercus jourdanii*) que iría en la mente de un jefe diseñador, de segundo viene el **(Alcaravancito** - *Cayanus Hoploxypterus)* que sabe de nubes, el tercero, el (**Gavilán Bebehumo** - *Buteo Platypterus*) que se la pasa cazando a cuanto pasa cerca, el cuarto (**La Polla Enana** - *Parzana Flaminventer)* que de Enana no tiene sino el nombre, ya que es de una inteligencia garrafal, y de última (**la Playera Solitaria** - *Tringa Solitaria)* que no habla sino dice lo que tiene que decir para cambiar lo que busca.

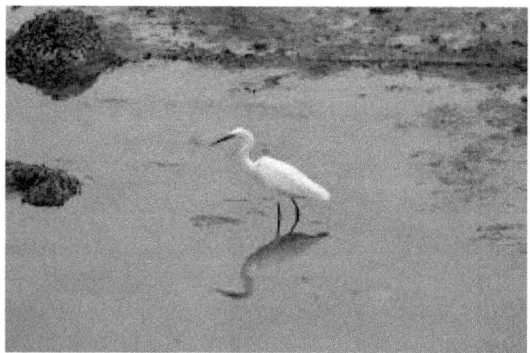

Playera Solitaria

Los diseñadores de Airbus no tienen alternativas sino hacer lo que su "conciencia", o los pájaros interiores le dictan. De todo este menjurje salió un avión solar y eléctrico que no hacer ruido ni contamina. Carga los mismos kilos que el avión actual de Airbus, el despegue es natural y sin ruido, y el crucero veloz y sin sonido más que el aire que pasa por las alas.

ÉXITO TOTAL PARA EL GRUPO AVIAR

11. JAPÓN Y COREA DEL NORTE

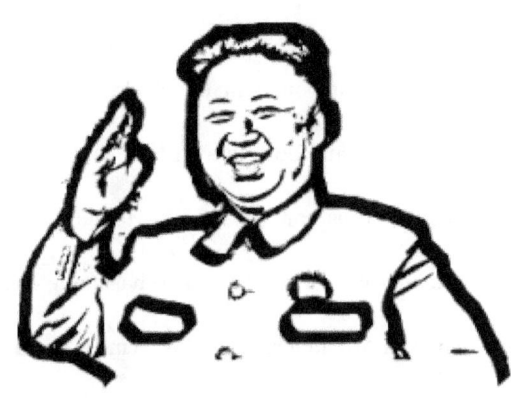

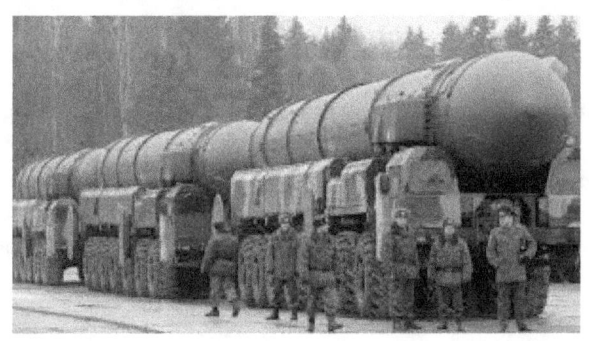

Japón y Corea del Norte, ambos países manufactureros y reyes de la contaminación, cercano el uno al otro y en constante vigilancia, el uno sobre el otro.

Los primeros van al Japón. Armanducha les explica que los japoneses son muy detallistas. Una anécdota que circula, es que los carros que son importados de otros países son desarmados totalmente por los técnicos japoneses, y rearmados con extremo cuidado hasta que queden al estándar japonés. Se le ocurrió a Armaducha que a los técnicos japoneses se les puede entrar por a través de la boca, por sushis y el sake... Como **"LAS 3 NARANJACONGAS"** son pájaros, pero no pescados, no es fácil para ellos disfrazarse de peces, así que se pusieron en habla con **la Asociación Japonesa de Sushi Ag.** Con los que han colaborado durante años. La directora se llama **Asuyki Temperura** y es miembro principal de una internacional anticontaminante, la cual Armaducha preside. Todos están enterados del calentamiento global y sus tristes resultados. La señora Temperura aceptó que utilizaran el método de Armaducha para introducirse en el cerebro de los técnicos... y prosiguieron. El primero, como con Airbus, fue el **(Tucusito Garganta Roja** - *Chaetocercus jourdanii),* que entró dentro de la cabeza del jefe máximo, de segundo viene el **(Alcaravancito -**

Cayanus Hoploxypterus) que entiende japonés, el tercero es el **(Gavilán Bebehumo** - *Buteo Platypterus*) que fuma pipa y vé entre humos, el cuarto **(La Polla Enana** - *Parzana Flaminventer)* que como Enana es más pequeña que un bebé japonés y puede pasar como tal. La última **(La Playera Solitaria** - *Tringa Solitaria)* que es puro "oído" y no habla demasiado, lo que les conviene a las "**LAS 3 NARANJACONGAS**".

Japón está actualmente preocupado por los terremotos sísmicos y las bombas de Corea del Norte. **Kim Jong-un**, un dictador peligroso para los que los rodean, Japón y Estados Unidos, nació en Pyongyang, el 8 de enero de 1983. Es actualmente Presidente del **Partido del Trabajo de Core**a y líder supremo de la **República Popular Democrática de Corea (RPDC),** conocida comúnmente como Corea del Norte.

Asuyki Temperura y **Armaducha** deciden que en vez de convertirse en conciencia de los líderes japoneses deben tomar en cuenta, más bien, al líder de Corea del Norte. Si sus dos equipos unidos logran desequilibrar **a Kim Jong-un**, el **Emperador del Japón, su Majestad**

Akihito del culto Imperial Arahitogam, les quedará eternamente agradecido, y harán lo que los pájaros y la Asociación de Sushi Ag. les pidan.

¿QUIÉN ES EL PÁJARO QUE SE PARECE MÁS A KIM JONG-UN?

¡... un orangután volador!

12. FIN DEL GUIÓN "CAROLINA LA PARTERA"

87 - EXT - DIA - CALLEJÓN VENDEDORA DE FLORES

Manuel y Alicia caminan por un callejón. Se escucha el sonido de un piano. Los dos jóvenes se acercan a la ventana de una casa de habitación atraídos por el sonido del instrumento. En el salón de la casa un PIANISTA toca un bolero. Al lado, un televisor prendido transmite "ruido blanco" por falta de señal. A través de la ventana, Manuel y Alicia, fascinados, observan y escuchan. Los jóvenes se miran, se toman de la mano, se abrazan y comienzan a bailar. Se les acerca una pequeña niña de unos siete años, la VENDEDORA DE FLORES. Lleva en las manos un ramillete de rosas y carga un pequeño morral en la espalda.

VENDEDORA DE FLORES
¿Flores... rosas?

Los dos jóvenes no contestan. La vendedora de flores gira a su alrededor y les tira de la ropa. Los jóvenes continúan sin prestarle atención. La vendedora les habla en voz baja.

VENDEDORA DE FLORES
¿Marihuana?. Tengo la más purita
de Barranquilla.

Manuel y Alicia continúan bailando.

> VENDEDORA DE FLORES
> ¿Nos acostamos los tres? ¿Hacemos
> un show juntos?

Manuel y Alicia abstraídos, en su mundo, no escuchan ni contestan. La niña, al ver que no logra comunicarse, saca un cuchillo y corta las correas de la cartera de Alicia y se aleja sin hacer ruido.

Alicia, tierna, le pasa la mano sobre el cabello a Manuel. Le palpa con suavidad el golpe que recibió al caer. Manuel le soba los ojos.

Manuel y Alicia, sin percatarse de nada, se alejan por la calle solitaria, abrazados. Alicia hace su típica pirueta de danza. Gato, desde su féretro en llamas, a través de la imagen de la televisión que está en el cuarto al lado del piano, parece observarlos. La imagen se convierte en fuego.

98 - INT - DIA – ENTRADA PENSION

Manuel y Alicia abrazados entran al hall de una pensión. Se besan y se abrazan mientras en encargado, cómplice, les entrega una llave. Ambos suben por la escalera.

99 – INT – DIA – CUARTO PENSION

Entran. El pequeño cuarto se encuentra en la penumbra. Prenden la luz. El piso está inundado pero los amantes no se percatan sino de ellos.

> ALICIA
> (seductora)
> ¡Manú, perdí mi zarcillo!

Manuel la toma por el talle.

                MANUEL
         Seguro que está en la cama.

Ruedan sobre la cama. Los dos amantes hacen el amor con suave intensidad.

<u>*100 - EXT- DIA - CALLE MUJER QUE LLORA*</u>

Destello de la MUJER DESNUDA QUE LLORA y baila bajo la lluvia.

<u>*101 - INT - DIA – CUARTO DE PENSIÓN*</u>

Manuel está en la cama, abre los ojos, a su lado Alicia duerme, sin moverse, respirando suavemente.

<u>*102 - INT - DIA – CUARTO DE PENSIÓN - BAÑO*</u>

Alicia sale de la ducha y se seca con el paño. Manuel entra desnudo. Al pasar le hace cosquillas a Alicia y ella ríe. Alicia va hacia el cuarto. Manuel toma agua y escupe. Se mira en el espejo. Se echa agua sobre la cara.

103 - EXT- DIA - CALLE MUJER QUE LLORA

Destello de una mujer desnuda que llora y que baila sobre la acera de una calle. Llueve.

104 - EXT - DIA - CARACAS

Llueve. Tomas del agua que llueve y corre por la ciudad.

105 - EXT - DIA - CALLE DE MUJER QUE LLORA

Llueve. Manuel y Alicia caminan bajo la lluvia. Se besan furtivamente. Desaparecen entre chubascos de lluvia.

Elipsis de tiempo

Aparecen de lo más profundo de la lluvia y desaparecen de nuevo bajo la lluvia.

Elipsis de tiempo

Continúa lloviendo. Los dos se paran bajo un farol. Alicia hace una pirueta de baile. La calle está totalmente vacía... Manuel tiene el ojo abierto y Alicia trata de sacarle una basurita del ojo.

                MANUEL
      ...más arriba... a la izquierda.. a la
      derecha...

Alicia le sopla el ojo.

ALICIA
¡Salió!

MANUEL
Si, ya... (con humor) Ahora estoy más ciego que nunca, se me llenaron los ojos de lluvia.

Manuel se seca los ojos. Alicia y Manuel se toman de la mano y caminan hacia la oscuridad. Alicia comienza a canturrear y hace la pirueta de danza. De pronto, de la nada, de la noche, alrededor de la esquina, aparece una mujer desnuda llorando. Manuel y Alicia quedan paralizados frente al espejismo. Curiosos, se acercan a ella.

MANUEL
(para él mismo)
Yo ya la he visto...

Alicia no parece comprender.

MANUEL
¿Tú también la ves?

Alicia no tiene tiempo de responder. De la misma manera inesperada suena un disparo de la nada. La mujer cae fulminada con una bala incrustada en el cráneo. Manuel y Alicia se tiran al suelo.

ALICIA
¿Qué fue eso?

MANUEL
Coño, un plomazo.

Poco a poco se levantan, la calle sigue vacía. Manuel, mirando a su alrededor.

MANUEL
¿De dónde vino?

ALICIA
Vamos a ayudarla.

Se acercan a la mujer, sus músculos parecen haberse contraído y está en posición fetal. Tiene el cráneo totalmente destrozado. Alicia le toma el pulso. Manuel la levanta en brazos, llenándose de sangre. Lanza un grito desgarrador, desesperado.

MANUEL
¡Auxilio!

Por la mejilla de la mujer corre una gota mezclada con la sangre del cráneo. En voz baja.

MANUEL
(susurra)
MAMAMAMÁ...

La sangre de la mujer, mezclada al agua de lluvia, cae al suelo y explota como vidrio roto.

(El sonido del vidrio se mezcla con los ruidos de la ciudad.)
La lluvia se convierte en llamas.

106 - EXT - DIA - CEMENTERIO PUEBLO (TV)

(Ilustración TV de la secuencia anterior)
Carolina, desde su féretro, a través de las llamas, con los ojos abiertos, parece "observar" a los dos jóvenes.

107 - EXT - DIA - PLAZA MANIFESTACIÓN ESTUDIANTIL

La lluvia se ha calmado y Manuel y Alicia caminan por una plaza. A lo lejos se escuchan gritos, se trata de una manifestación estudiantil. De pronto los jóvenes se encuentran rodeados por el grupo. La policía carga y reparte peinillazos, a izquierda y derecha. Manuel y Alicia corren. De pronto Manuel se ve corriendo al lado de Pajarito, pero un policía lo alcanza, le da un golpe de peinilla y lo derriba. Alicia desesperada se aleja, portada por la muchedumbre que se aleja. Grita.

                ALICIA
                ¡Manú...no me dejes, no me abandones!

                MANUEL
                ¡Alicia!

Manuel y otros jóvenes, entre los que se encuentra Pajarito, son introducidos brutalmente dentro de una "jaula" de policía.

108 - INT - DIA - RECINTO DE INTERROGACIÓN

Manuel, junto con otros jóvenes, entre ellos Pajarito, son introducidos a un recinto de interrogación. El POLICÍA 1 hace el interrogatorio de Manuel. El POLICIA 2 el interrogatorio de Pajarito.

                POLICÍA 1
                ¿Y tú, carajete?

Manuel no contesta.

POLICÍA 1
Eh, cara é gocho, contesta o te caigo a palo.

MANUEL
(irónico)
Estoy de paso ...como todo el mundo.

POLICÍA 1
¡Ah, vaina... un filósofo! (al policía 2) ¿Mendieta es así que se dice?

POLICIA 2
¿Qué se dice qué? ¡Ni idea!

POLICÍA
(a Manuel)
¿Tú como que eres menor? Dame tu cédula.

Manuel se la entrega. Mirando la cédula.

POLICÍA 2
(a Pajarito)
Dame la tuya ¿Qué haces con esos estudiantes revoltosos? ¿De dónde eres?

PAJARITO
De La Candelaria, Estado Mérida... (con humor) dónde apareció la virgen...

POLICÍA 1
(a Manuel)
¿Y tú? ¿Quien es tu representante legal?

MANUEL
Yo también soy de la Candelaria, dónde le bailan a la virgen y estudio bachillerato, con ese, mi compañero de escuela (señalando a Pajarito) ...y soy mi propio representante legal.

Pajarito sonríe de oreja a oreja.

                POLICÍA 1
¡Ah, coño, humoristas de un pueblo donde apareció una virgen! ¡Qué vaina! Yo que sabía que ya no existían vírgenes (los dos policías ríen) ¿Qué voy a hacer con estos chamos...? Mendieta... Me los fichas y los devuelves a su tierra.

Se dirige a otro joven que espera en la cola.

                POLICÍA
El próximo.

El Policía 2 (Mendieta), toma a Manuel y a Pajarito por el brazo y los arrastra hacia una mesa. Les toman las huellas digitales y hacen fotografías de perfil y de frente.

<u>109 - INT - DIA - AUTOBÚS DE VUELTA AL PÁRAMO</u>

Un autobús transita por una carretera de Los Andes. Al fondo montañas y frailejones. Dentro, Manuel y Pajarito están sentados uno al lado del otro.

<u>110 - EXT- DIA - CEMENTERIO DEL PUEBLO</u>

Manuel, de regreso en su pueblo, visita la tumba de Carolina. Carga el guante la pelota y el bate. Planta un pequeño arbusto.

                MANUEL
Para que te acompañe...

Manuel se pone de pie, y silencioso, contempla la tumba de su "mamamamá". Al fondo, vemos la inmensidad del paisaje.

111 - EXT - DIA/NOCHE - CEMENTERIO DEL PUEBLO

Los días y las noches pasan en segundos. La lluvia cae sin cesar. El arbusto crece hasta convertirse en árbol. Al árbol sembrado por Manuel comienzan a brotarle, por arte de magia, frutas de diversos géneros: mangos, peras, manzanas, guayabas, mamones...

>VOZ EN OFF DE MANUEL
>La sociedad y sus "representantes legales" nunca supieron qué hacer con los enamorados...
>
>VOZ DE ALICIA EN OFF
>...pero ni la autoridad, ni el tiempo, ni el espacio lograron oponerse a nuestra pasión.

Los dos jóvenes de 21 años se abrazan, arrancan una fruta del árbol y se comen los frutos con gusto y placer.

112 – INT – NOCHE – CUARTO MANUEL Y ALICIA

Manuel y Alicia, de 21 años, duermen desnudos y entrelazados. Alicia está en estado. En el televisor prendido vemos la imagen de Carolina, que "observa"...

13. RESTAURANTES DE PARIS FRANCIA – LOS FAVORITOS

12 DE SEPT 2017 de Luis Armando Roche y Fafá

BISTROTS:

- **CHEZ GEORGES** – excelente bistrot tradicional –
- Dirección: 1 Rue du Mail, 75002 Paris - Tel: +33 1 42 60 07 11
- **CHEZ L´AMI LOUIS** – caro pero el mejor foie gras –Dirección : 32 Rue du Vertbois, 75003 Paris - Tel: +33 1 48 87 77 48
- **THOUMIEUX** – viejo sitio con carácter
  79 rue St. Dominique, 75007 Paris – Tel: 33 1 470579 00

OSTRAS Y PESCADOS:

- **LA COUPOLE -** Dirección : 102 Boulevard du Montparnasse, 75014 Paris **Tel:** +33 1 43 20 14 20
- **LE BISTROT DU DÔME** - Dirección - 1 rue Delambre , 75014 Paris, France (Montparnasse) Tel. +33 1 43 35 32 00

LOS MEJORES (para nosotros):

- **CHEZ JOSEPHINE (DUMONET)** 117 Rue du Cherche Midi – Tel 33145 **485 2 40**
- **CLOSERIE DES LILAS** – 171 Blvd du montparnasse – Tel 33 14 0513450
- **INTERESANTES PARA TURISMO:**
- **LE JULES VERNE** (en la Tour Eiffel) Dirección : Avenue Gustave Eiffel, Tour Eiffel, 2ème étage - Pilier Sud, 75007 Paris - Tel : +33 1 45 55 61 44
  CARNE:
- **LE BOEUF COURONÉE -** Dirección : 188 Avenue Jean Jaurès, 75019 Paris Tel: +33 1 42 39 44 44

14. "ARMANDUCHA, CONCIENCIA, y LAS 3 NARANJACONGAS"

INTRODUCIÓN

Esta obra es una novela fabulada.

Los personajes son ficticios y productos de la imaginación.

La trama es libre, y lo que sucede es parte de un místico cuento.

Sinembargo, esos pájaros, como tal, existen en la ornitología tradicional.

PÁJARO, DEL CUAL HABLA LA NOVELA

El AnTwren Hersilochmus dugandi (Familia de los Thamnophilidae),

"El tiluchí de Dugand", es un pajarito hormiguero descrito por mi tío,

el naturalista colombiano de Bogotá y Barranquilla,

el **Dr. Armando Dugand Gnecco** (1906- 1971).

Fue director del

Instituto de Ciencias Naturales de Colombia.

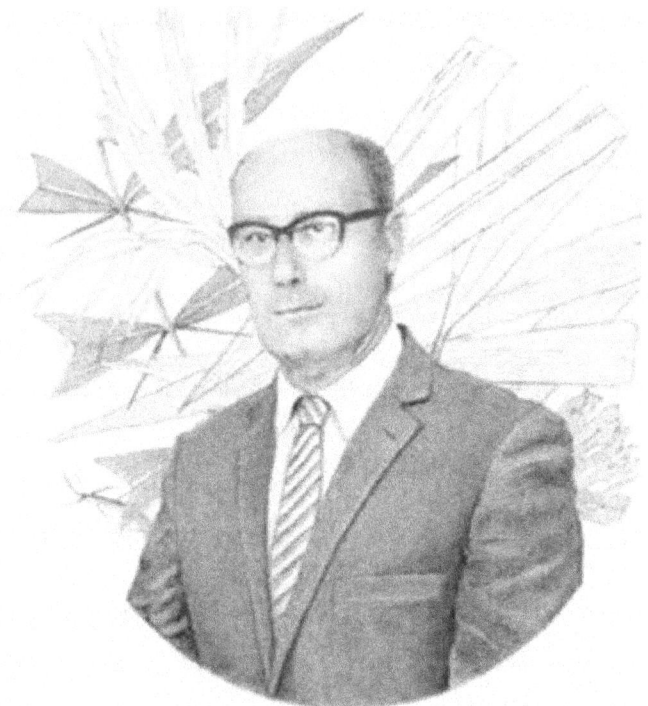

Armando Dugand

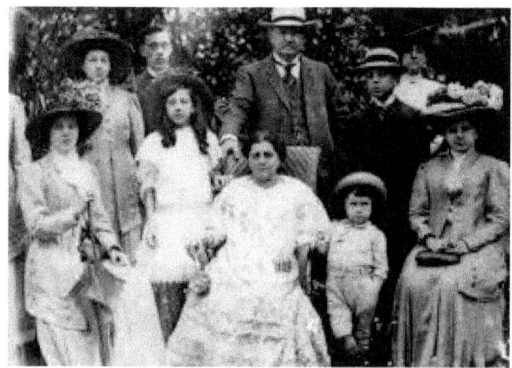

La familia Dugand Roncallo

(Datos geonológicos de *dugand.free.fr*)

De izquierda a Gala, Rosa. Arriba: Clara, Emilio, José Víctor, Aurora, Rafael, José Lucas, Beatrice, (mi madre) con mi abuelo Armando, François Víctor.

LEAN Y GOZEN CON ESTOS PERSONAJES, MEDIO VERDADEROS, Y MEDIO INVENTADOS...

www.ingramcontent.com/pod-product-compliance
Lightning Source LLC
Chambersburg PA
CBHW050233230526
45470CB00005B/1936